LIBOR
の終焉と
金利指標改革

中村篤志 著
Atsushi Nakamura

一般社団法人 金融財政事情研究会

はしがき

　本書は、ロンドン銀行間取引金利（LIBOR）の公表停止前後における論点や検討の経緯を取りまとめるとともに、ポストLIBOR時代における今後の金利指標のあり方について理論的に探究するものである。本書を構成する10本の論文は、日本円LIBORの公表停止が目前に迫った時期に執筆したものから、LIBOR5通貨のうち最後まで公表の続いた米ドルLIBORの公表停止時期の前後に執筆したものまで様々だが、基本的には、2021年10月から2024年9月の比較的短期間に集中的に公表した論文である。

　本書の趣旨・問題意識は、LIBOR公表停止に伴う一連の金利指標改革に関して、集積的な書として残したいという点に集約される。私は、前職の金融機関在籍時に、一連の金利指標改革プロジェクトに携わる機会を得た。1970年代より様々な金融商品で利用されてきた国際標準的な金利指標からの移行ということで、各法域の金融監督当局・中央銀行・民間金融機関・事業法人が一体となって対応を進めた、まさに一大国際金融プロジェクトであった。目まぐるしく変化する金融市場が象徴的であるように、金融界の動きは早い。これに対応するように、金利指標改革についても、特に移行直前期にかけては急速度で議論や諸対応が進められた印象を受ける。この結果、国際金融市場において目立った混乱は生じなかったと評価できるだろう。その反面、実務界主導で急速に対応が進んだこともあり、特に移行直前期における各論点、すなわち、何を課題とし、どのような議論があり、いかに対応が進められたのかに関する集積的な文献に乏しい。誤解のないように強調すると、検討が不存在であった等の問題提起では全くない。その時々の対応方針や考え方は、我が国では、日本円金利指標に関する検討委員会や金融庁、日本銀行等の各種公表資料、グローバルでは、金利指標に関する各法域の検討委員会や金融監督当局、あるいは、金融安定理事会（FSB）や証券監督者国際機構（IOSCO）等の国際機構の各種公表資料を参照することで、確認す

ることはできる。もっとも、これらの資料は分散的に存在するほか、対応方針、すなわち「議論の結果」の把握はともかくとして、必ずしもその経緯まで理論的にまとめられているわけではない。

こうした問題意識から、当初より、1冊の書物として記録に残すことを念頭に、その時々の金融市場・金融業界で検討すべき課題について理論的に考察し、各論文を執筆してきた。本書はまさにその成果物であるが、性質上、次の2点に限界がある。第1に、金融業界、とりわけ、ここ数年の金利指標改革に関する動きは早く、この数年の間でさえも相当の動きがあったものも含まれる。本書は、部分的にはその鮮度を失っている論点もあるかもしれないが、論文執筆当初の問題意識をなるべく優先し、その時々で、何が問題であったのかを理解できる構成を心掛けた。第2に、一口に「金利指標」といっても、信用リスク等を含むか否かといった金利指標自体の性質差異や、金利指標を利用する金融商品・金融市場（貸出、債券、デリバティブ）ごとの性質差異に起因し、論点は多岐にわたる。このため、集積的な書を目指したと大上段に構えておきながらも、私の力不足により、全ての論点を網羅的に扱えているわけでは決してない。以上、2点について、予めご容赦いただきたい。

もっとも、こうした限界を含みながらも、本書を世に残したいと思う。望ましい金利指標のあり方は、現在進行形で国際的に議論の続くテーマである。50年以上にわたって幅広く利用されてきた国際的な金利指標の公表停止前後の時期に、我々は何を課題とし、どのように議論し、いかに対応したのかを学術的な観点から後世に記録に残すことは、金利指標改革に携わった現世代の責務であると考える。

また、本書の各章の内容には多少の重複がある点にもご留意いただきたい。各論文を本書にまとめるにあたっては、過度の重複を調整する作業を行ってはいるが、それでも重複を全て排除すると各章の秩序立った体系が失われてしまう。そこで、各章だけを読んでも内容が理解できるように各章ごとの独立を重んじ、多少の重複はそのままとなっていることをお断りしてお

きたい。なお、本書に示される内容や意見、本書のあり得べき誤りは全て筆者個人に属することも念のため申し添える。

　最後に、本書の出版にあたっては多くの方々にお世話になった。特に、筆者が学者に転身して以降、和仁亮裕先生（GT東京法律事務所）から日頃より大変温かいご指導ご助言をいただいていることは、研究を進めるうえで大変心強く、心から御礼申し上げたい。また、本書をまとめるにあたっては、金融財政事情研究会法務編集部の平野正樹氏、吉田豊氏、櫻井雄輔氏に大変お世話になった。初めての出版となった筆者に対して、内容面のみにとどまらず、出版のいろはの部分も含めて、時宜を得た的確で親身なアドバイスを何度もくださり、発刊に導いてくださった。ここに多大なる感謝の意を表する。

　2025年1月

中村　篤志

目　次

序　LIBORの誕生・発展から公表停止まで

第1節　LIBOR誕生・発展の歴史的経緯 2
第2節　LIBOR公表停止の経緯 4

第1部　リスク・フリー・レート（RFR）への移行

第1章　金利スワップ市場におけるLIBOR公表停止の影響 ——ターム物リスク・フリー・レートの算出メカニズムとの関係性 10

第1節　はじめに 10
第2節　金利スワップ市場における変化 12
第3節　金利スワップ市場における変化の背景 13
第4節　OIS取引を増加させる本質的重要性 16
　(1)　ターム物RFR 16
　(2)　東京ターム物リスク・フリー・レート（TORF）の算出・公表 17
　(3)　TORFの算出メカニズム 18
　(4)　頑健な金利指標の構築に不可欠な裏付け市場の流動性 20
第5節　おわりに 22

第2章	通貨スワップ市場におけるIBORsからリスク・フリー・レート（RFR）への移行の現状と今後の課題……………23

第1節　はじめに………………………………………………………23

第2節　通貨スワップの概要…………………………………………24

第3節　RFR参照通貨スワップへの移行に向けた国際的な取組み…………25

　⑴　RFR参照通貨スワップの取引慣行に関する勧告………………26

　⑵　SOFRファーストへの通貨スワップの追加……………………29

　⑶　RFRファーストへのユーロの追加………………………………30

第4節　欧州市場で浮上する新たな論点……………………………32

第5節　RFR参照通貨スワップの本邦金融市場への影響……………33

第6節　おわりに………………………………………………………36

第3章	金融取引におけるターム物リスク・フリー・レートの使用に関する検討──LIBOR公表停止後の望ましい金利指標のあり方……37

第1節　はじめに………………………………………………………37

第2節　LIBOR公表停止の経緯………………………………………38

　⑴　LIBORの概要………………………………………………………38

　⑵　LIBOR不正操作問題………………………………………………39

　⑶　金利指標改革の取組み……………………………………………42

　⑷　LIBOR公表停止へ…………………………………………………44

第3節　LIBOR公表停止後の代替金利指標の選択肢………………45

第4節　代替金利指標としてのターム物RFRの課題と利用制限…………47

　⑴　英国における利用制限……………………………………………48

　⑵　米国における利用制限……………………………………………51

　⑶　ターム物RFRの利用制限の背景………………………………52

第5節　ターム物RFRの適切な利用に向けた日本の対応…………………53
　⑴　OIS市場の活性化……………………………………………………53
　⑵　TONA複利関連指標の公表…………………………………………54
　⑶　ガバナンス体制の整備………………………………………………55
第6節　残存する課題………………………………………………………56
　⑴　ベーシス・リスク……………………………………………………56
　⑵　カウンターパーティー・リスク……………………………………58
第7節　おわりに……………………………………………………………60

| 第4章 | デリバティブ取引におけるターム物RFRの利用規範に関する日米比較──ターム物RFR参照キャッシュ商品のヘッジ取引の観点から…………62 |

第1節　はじめに……………………………………………………………62
第2節　ターム物RFRの概要………………………………………………63
　⑴　RFRに基づくターム物金利…………………………………………63
　⑵　米国におけるターム物RFR…………………………………………66
　⑶　日本におけるターム物RFR…………………………………………66
第3節　ターム物SOFRの利用規範…………………………………………67
　⑴　初期ベストプラクティス……………………………………………67
　⑵　改訂版ベストプラクティス…………………………………………70
　⑶　ARRCによるベストプラクティスの法的拘束力…………………72
第4節　日本におけるTORFの利用規範……………………………………73
第5節　おわりに……………………………………………………………75

第2部 米国における動向

第5章 米国金融市場におけるLIBORからの移行対応——貸出市場におけるターム物SOFRの利用とスプレッド調整の動向 ……………… 79

第1節　はじめに ……………………………………………………… 79

第2節　米ドルLIBOR公表延長の経緯 …………………………… 80

　（1）　概　要 ……………………………………………………… 80

　（2）　新型コロナウイルス感染症拡大の影響 ………………… 82

　（3）　新規取引における米ドルLIBORの利用制限 …………… 85

第3節　米国金融市場におけるLIBOR移行の状況 ……………… 86

　（1）　デリバティブ市場 ………………………………………… 87

　（2）　貸出市場 …………………………………………………… 88

　（3）　債券市場 …………………………………………………… 94

第4節　おわりに ……………………………………………………… 94

第6章 米ドルLIBOR参照タフレガシーにかかる立法措置と残存する課題——シンセティックLIBORの適用可能性を中心に ……………………………… 96

第1節　はじめに ……………………………………………………… 96

第2節　連邦LIBOR法の概要 ……………………………………… 97

　（1）　適用対象となる契約 ……………………………………… 98

　（2）　適用される代替金利指標 ………………………………… 99

　（3）　代替金利指標の適用タイミング ………………………… 103

　（4）　セーフ・ハーバー規定 …………………………………… 104

目　次　vii

第3節　残存する課題···104

　(1)　シンセティックLIBORの適用可能性·····················105

　(2)　ヘッジ関係にある金融商品間での代替金利指標の相違···············108

第4節　おわりに···109

第3部　クレジット・センシティブ・レート（CSR）に関する議論

第7章　米国におけるクレジット・センシティブ・レート（CSR）の考察——本邦金融市場へのインプリケーション···114

第1節　はじめに···114

第2節　CSRの概要と議論の発端·····························115

第3節　SOFR参照貸出に関する論点整理·····················118

　(1)　BS上のミスマッチへの懸念·····························119

　(2)　コミットメントラインに関する懸念·····················121

第4節　CSRに対する金融当局の見解·····················123

　(1)　BS上のミスマッチに対する見解·····················124

　(2)　CSRの裏付け市場の流動性に対する見解·············129

第5節　本邦金融市場へのインプリケーション·············132

　(1)　日本における"CSR"·····································133

　(2)　外貨ベースのコミットメントラインの引き出し·········135

第6節　おわりに···137

第8章　クレジット・センシティブ・レート（CSR）に対するIOSCO原則の適用を巡る課題·····················138

第1節　はじめに……………………………………………………138

第2節　CSRに対するIOSCOの対応……………………………140

　⑴　IOSCOレビュー………………………………………………140

　⑵　BSBYの終焉……………………………………………………141

第3節　国際金融市場におけるIOSCOの位置付け………………143

　⑴　IOSCO基準・規範の性質……………………………………143

　⑵　インフォーマルな機関によるソフト・ロー構築のメリット………146

第4節　正統性の評価………………………………………………147

　⑴　評価のフレームワーク………………………………………147

　⑵　手続・過程の観点……………………………………………149

　⑶　有効性の観点…………………………………………………152

第5節　おわりに……………………………………………………156

第4部　近時のIBORs改革

第9章　東京銀行間取引金利（TIBOR）のレジリエンス向上に向けた制度設計──フォールバック条項にかかる論点……………………161

第1節　はじめに……………………………………………………161

第2節　市中協議に至る経緯………………………………………163

　⑴　原則7：データの十分性……………………………………164

　⑵　原則13：移行…………………………………………………165

第3節　市中協議結果の概要………………………………………166

　⑴　日本円TIBOR…………………………………………………166

　⑵　ユーロ円TIBOR………………………………………………170

第4節　考　　察 …………………………………………………………173

第5節　おわりに …………………………………………………………175

第10章	EURIBORの算出方式の見直しに関する改革の動向

……………………………………………………………………………176

第1節　はじめに …………………………………………………………176

第2節　EURIBORの概要 ………………………………………………177

　⑴　過去の展開 …………………………………………………………177

　⑵　今次改革以前の算出方式 …………………………………………177

第3節　市中協議に至る経緯 ……………………………………………180

　⑴　ターム物ESTRの公表開始 ………………………………………180

　⑵　パネル行の減少 ……………………………………………………181

第4節　市中協議結果の概要 ……………………………………………182

　⑴　資金調達コスト ……………………………………………………183

　⑵　MAF …………………………………………………………………183

　⑶　レベル3の廃止 ……………………………………………………185

第5節　TIBORへの若干のインプリケーション ……………………186

初出一覧 …………………………………………………………………189

x　目　　次

序

LIBORの誕生・発展から
公表停止まで

次章以降で個別の論点へと深入りする前に、本章では、1．LIBORとは
そもそも何か、2．LIBORはなぜ公表停止を迎えるに至ったのかの2点に
ついて、予め簡潔に整理したい[1]。

第1節 | LIBOR誕生・発展の歴史的経緯

LIBORとは、London InterBank Offered Rate（ロンドン銀行間取引金
利）の略称で、世界の主要銀行が、ロンドンのインターバンク市場におい
て、短期資金を調達する際の金利を平均して算出される指標金利であった。
LIBORは、日本円、米ドル、ユーロ、英ポンド、スイスフランの主要5通
貨を対象に、翌日物、1週間物、1か月物、2か月物、3か月物、6か月
物、12か月物の7つの期間（テナー）について算出・公表されていた。

LIBORの誕生は、第二次世界大戦後の東西冷戦構造に淵源がある。戦後、
ブレトン・ウッズ体制の成立に伴い、米ドルが国際取引における基軸通貨と
しての地位を確立した。東西冷戦が頂点に達した1940年代末以降、ソ連・東
欧等の共産圏諸国は、米国政府による在米資産の凍結を恐れて、ドル資金を
欧州の銀行へと移した。また、当時の米国では、1930年代の大恐慌時代の反
省から、円滑な金融・経済運営を企図して、金利規制が強化されていた。一
方で、欧州では米ドルに対する金利規制が存在しなかったため、欧州市場へ
と米ドルが流入した。以上のように、米国回避の事情から欧州市場へと流入
した米ドル資金は、ユーロダラー（Eurodollar）と呼ばれるようになった。
今日においても、ユーロダラー取引とは、米ドル建ての金融資産が、通貨発
行国である米国以外の国で取引されることを指す。

1960年代末、このユーロダラー市場において、LIBORの原型が誕生する。

1　LIBORの歴史的発展経緯の詳細等は、例えば、太田康夫『誰も知らない金融危機
　LIBOR消滅』（日本経済新聞出版社、2019年）、三菱UFJ銀行市場企画部編著『デリバ
　ティブ取引のすべて［第2版］』（金融財政事情研究会、2022年）第10章を参照。

2　序　LIBORの誕生・発展から公表停止まで

イラン向けの巨額融資案件を請け負った米銀のマニハニ（現JPモルガン・チェース）は、自行単独での貸出の実行が難しかったことから、シンジケート・ローン（協調融資）形態での貸出を実行した。また、当時は高インフレの環境下にあり、固定金利での長期貸出はリスクが高かったため、変動金利での貸出とした。この際、シンジケート団の幹事行が、各参加行から、ユーロダラー市場における各行の調達金利を聞き取り、それらを加重平均したうえで、そこに一定のスプレッド（利鞘）を上乗せして、6か月ごとに参照金利を見直し・算出するという方式を採った。これがLIBORの原型とされる。

1970年代には、1973年と1979年の2度のオイルショックによって規模の拡大したオイルマネーが、ユーロダラー市場へと流れ込んだ。こうした資金は、シンジケート・ローンを通じて、産油国から非産油発展途上国へと流れるようになった。また、シンジケート・ローンの積み上がりのほか、直接金融の拡大により、ユーロ債市場も拡大していくこととなる。債券の場合には、満期償還までの期間が長期にわたるものが多い。インフレリスクの高い環境下において、投資家の需要を集めるためには、固定金利型ではなく変動金利型の債券が望まれる。この際の変動金利の指標としてもLIBORが利用され始めたことから、債券市場でもその利用が拡大していった。

1980年代には、英紙FT（フィナンシャル・タイムズ）が、主要行の資金調達金利を聞き取り、その平均値を算出し、日刊紙に掲載し始めた。調達金利の聞き取り対象が優良銀行に限定され、公表も一元化・統一化されたことから、LIBORの指標としての信頼性・市場の透明性が向上した。このように、FTが主体的な役割を果たすようになった点もLIBORの発展過程において大きな意義を有する。また、この時期、ユーロ債市場の拡大に伴う金利リスクのヘッジニーズの拡大と、金融技術の急速な発達により、固定金利／変動金利の交換取引である金利スワップ等のデリバティブ取引が盛んに行われるようになった。LIBORの利用が、キャッシュ商品（貸出・債券）だけでなく、デリバティブ商品にまで広がったことで、LIBOR参照金融商品の規模は爆発的に拡大した。

序　LIBORの誕生・発展から公表停止まで　3

あらゆる金融商品でLIBORが利用されるようになると、指標金利として
より頑健で信頼性の高い形での算出・公表が望まれるようになった。こうし
たなか、1986年より、英国銀行協会（British Bankers Association、以下
「BBA」という）が、イングランド銀行の後押しを受けて、「BBA・LIBOR」
の公表を開始することとなった。この時、LIBORが指標金利としての権威
性を取得し、金融市場における重要なインフラストラクチャーとしての地位
を確立したものと評価される。

第2節 | LIBOR公表停止の経緯

　このような重要な指標金利であるLIBORが、なぜ公表停止を迎えるに至っ
たのか。詳細は、第3章に譲るが、端的には、LIBORの不正操作の発覚を
受けて、指標金利としての信頼性向上のために各種改革が実行されたが、根
本的な問題解決には至らず、結局、公表停止に至ったという流れである。
　2012年に、欧米のLIBORパネル行の一部が、他行等とも共謀しながら、
自行に有利になるようにLIBORを不正操作していたことが発覚した。また、
2008年の金融危機以降、LIBOR算出の裏付けとなるインターバンク市場に
おける無担保取引が減少し、実態を反映できていないのではないかとの指摘
が相次いだ。LIBORはグローバルであらゆる金融取引で利用されていただ
けに、国際金融市場の混乱を招きかねないとして、金融当局の介入による金
利指標改革が始められることとなったのである。2012年9月には、英国金融
サービス機構（FSA）のWheatley氏をトップとした委員会より、LIBORの
枠組みをどのように改善するべきか等に関して、「Wheatley Review」と呼
ばれる報告書が公表された。例えば、本報告書では、銀行が利用する指標金
利を、銀行による業界団体であるBBAが決定し、その状況を同じく銀行が
モニタリングするという構造に対して、利益相反の問題が指摘された。これ
を受けて、2014年には、LIBORの算出・公表業務が、BBAから、米国のイ

4　序　LIBORの誕生・発展から公表停止まで

ンターコンチネンタル取引所（ICE）へと移管された。このように、2013年以降のLIBOR改革は大幅に進展したと評価されるものの、パネル行のコンプライアンスリスク等負担の大きさや、裏付け市場の流動性の乏しさといった、根本的かつ重大な課題の解消には至っていなかった。こうした背景もあり、2017年7月、英国金融行為規制機構（FCA）のベイリー長官（当時）は、2021年末以降、英国FCAは、LIBORのパネル行に対して、レート呈示を強制する権限を行使しないことを発表し、この時点で、2021年末限りでのLIBOR公表停止が事実上決定したのである。

　2021年末という明確なデッドラインが設定されたことから、LIBOR 5 通貨の金融当局を中心にグローバルに対応が進められていくこととなった。大きく集約すれば、「LIBORの代替としてどのような金利指標（代替金利指標）を今後利用していくのか」「LIBOR参照の既存契約を念頭に、代替金利指標へとどのように移行していくのか」という点において、細部に至るまで慎重な議論が重ねられた。その途上でコロナ禍に見舞われる困難があったものの、グローバルに官民挙げての対応により、大きな混乱なく、LIBORを軸とした約50年間の金融秩序は2023年6月末に全面的な終焉を迎えた。おそらく、日本だけでなく世界中の多くの人々が、LIBORという支配的な金利指標の公表が停止予定にあったことも、そして実際に停止したことも意識することはなかったように思う。しかし当然ながら、そこに至るまでには多くの議論・検討が丁寧に積み重ねられた。次章以降では、こうした過程における個別の論点を考察していく。

序　LIBORの誕生・発展から公表停止まで　5

第1部

リスク・フリー・レート（RFR）への移行

第1部では、LIBORに代わる金利指標として中心的な役割を担うこととなったリスク・フリー・レート（以下「RFR」という）への移行に関して論じる。

　RFRとは、金融機関が資金調達する際の金融機関の信用リスクをほぼ含まない金利であり、通貨ごとに特定される。LIBORの公表されていた5通貨を対象にみれば、日本円ではTONA（無担保コール翌日物金利）、米ドルではSOFR（担保付翌日物調達金利）、ユーロではESTR（ユーロ短期金利）、英ポンドではSONIA（ポンド翌日物平均金利）、スイスフランではSARON（スイス翌日物平均金利）となる。例えば、TONAであれば、日本銀行から毎営業日公表されている。LIBORの致命的な欠陥は、指標の価値の裏付けとなる市場の流動性が乏しい点にあった。つまり、僅少な実取引に基づく金利指標が、貸出・債券・デリバティブの各金融取引で膨大な規模で利用されていた点に課題があった。この点、上記の各RFRの場合には、裏付け市場における潤沢な取引量に支えられており、LIBORの最も致命的とも考えられた課題を解消できる点にメリットがある。しかしながら、RFRは、あくまでも翌日物金利であるため、期間構造を有していない。すなわち、例えば、6か月物等の貸出や債券でRFRを利用するためには、日次の複利計算を実行するか、期間構造を有したRFRベースの金利（いわゆるターム物RFR）を新たに構築する必要があった。第1部では、ポストLIBOR時代を見据えて新たに構築された、後者のターム物RFRにかかる論点を中心に考察している。

　第1章は、2021年12月の公表論文「金利スワップ市場におけるLIBOR公表停止の影響—ターム物リスク・フリー・レートの算出メカニズムとの関係性—」をもとに構成している。ここでは、2021年12月末の日本円LIBORの公表停止を直前に控えた時期における、日本円金利スワップ市場で観察された変化を分析した。そして、この変化の背景にこそ、ターム物RFRの算出メカニズムとの密接かつ重要な関係性が潜んでいることを明らかにする。

　第2章は、2022年9月の公表論文「通貨スワップ市場におけるIBORsから

リスク・フリー・レート（RFR）への移行の現状と今後の課題」をもとに構成している。IBORs（LIBOR、TIBOR、EURIBORといった銀行間取引金利）からRFRへの流れのなかで、通貨スワップ市場もRFRベースでの取引へとグローバルにほぼ全面的に移行した。ここでは、RFRへの移行にかかるそれまでの経緯や主たる検討ポイント、市場のコンセンサスとなっている取引慣行について整理した。また、RFRベースの通貨スワップへの移行が本邦金融市場に与える影響について、ターム物RFR算出メカニズムとの関係性からの考察も試みた。

第3章は、2023年10月の公表論文「金融取引におけるターム物リスク・フリー・レートの使用に関する検討」をもとに構成している。日本円、米ドル、英ポンドのいずれにおいてもターム物RFRは構築されたが、その利用に関するルール・規範は各法域でやや異なっている。ここでは、本邦の規制枠組みと、主として英国及び米国の規制枠組みとを比較することを通じて、ターム物RFRの使用にかかる諸論点を検討するとともに、今後の望ましい金利指標のあり方を展望することを目的とした。

第4章は、2024年6月の公表論文「デリバティブ取引におけるターム物RFRの利用規範に関する日米比較—ターム物RFR参照キャッシュ商品のヘッジ取引の観点から—」をもとに構成している。ここでは、日米の規制枠組み上における、ディーラー間市場でのターム物RFR参照デリバティブの利用制限について、その妥当性や課題を考察した。なお、第4章の内容の一部は、第3章で記述した内容とやや重複があるものの、あえて過度な修正は加えなかった。これは、この間、市場参加者の意見や市場の実勢を踏まえて、米国の規制枠組みに見直しがあったところ、その経緯や意図がより理解しやすい構成を重視したためである。予めご容赦いただきたい。

第1章

金利スワップ市場における LIBOR公表停止の影響
──ターム物リスク・フリー・レートの算出メカニズムとの関係性

第1節 | はじめに

　従来、LIBORは世界で最も重要な金利指標として、世界中のあらゆる金融商品・取引で利用されてきた（図表1－1）。しかしながら、2012年に発覚した、複数のLIBORパネル行による不正行為などを端緒に、2017年7月、LIBORの監督当局である英国金融行為規制機構（FCA）のベイリー長官（当時）は、「2021年末以降は、LIBORのパネル行に対してレート呈示の強制権を行使しない」旨を表明[1]した。このため、LIBOR5通貨（米ドル、英ポンド、ユーロ、スイスフラン、日本円）の金融監督当局や中央銀行を中心に、グローバル規模の共同プロジェクトとして、継続的に検討・対応が進められることとなった。日本においては、日本銀行を事務局として、官民の参加者から構成される「日本円金利指標に関する検討委員会」（以下「検討委員会」という）のイニシアチブによって、各種の実務的な対応が進められてきた。

1　具体的には、「…it would no longer be necessary for the FCA to persuade, or compel, banks to submit to LIBOR. It would therefore no longer be necessary for us to sustain the benchmark through our influence or legal powers.」と発言。詳細は、Bailey, A., "The Future of LIBOR," July 27, 2017を参照。

10　第1部　リスク・フリー・レート（RFR）への移行

本章では、2021年末のLIBOR公表停止[2]を前に（図表1－2）、金利スワップ市場で観察された変化の背景を考察する。ここには、ポストLIBORの世界を見据えて構築されたターム物リスク・フリー・レート（以下「ターム物RFR」という）の算出メカニズムとの密接かつ重要な関係性が潜んでいる。

図表1－1　円LIBORの契約金額

対象商品・取引		残高	契約件数
運用		33.8兆円	24.4千件
	貸出	25.1兆円	21.7千件
調達		12.3兆円	139.9千件
	債券	2.8兆円	0.5千件
デリバティブ（想定元本ベース）		2,591.9兆円	365.2千件

（注）　2020年12月末時点。
（出所）　金融庁公表資料[3]より筆者作成。

図表1－2　LIBORの公表停止時期

通貨	テナー（期間）	公表停止時期
日本円	全てのテナー	2021年12月31日
英ポンド		
ユーロ		
スイスフラン		
米ドル	1週間物、2か月物	
	翌日物、1か月物、3か月物、6か月物、12か月物	2023年6月30日

（出所）　金融庁公表資料[4]より筆者作成。

2　米ドルLIBORの主要テナー（翌日物、1か月物、3か月物、6か月物、12か月物）は、当初期限から延長され、2023年6月末まで公表継続。
3　金融庁「LIBORの公表停止に向けた対応と課題」（2021年8月5日）5頁。
4　同上、2頁。

第1章　金利スワップ市場におけるLIBOR公表停止の影響　11

第2節 | 金利スワップ市場における変化

　金利スワップとは、異なる2者間において、異なる金利を交換するスワップ取引を指す。このうち、同一通貨の固定金利と変動金利を交換するスワップ取引は、プレーン・バニラ・スワップ（Plain Vanilla Swap）と呼ばれ、最も基本的な取引類型となっている。この際、変動金利にはLIBORが通常想定されてきた。実際、参照する金利指標の別に、円金利スワップ取引を集計すると、円LIBOR参照の金利スワップ取引が圧倒的な比率を占めてきた。

　しかしながら、LIBOR公表停止を控えて、こうした状況に大きな変化が生じた（図表1－3）。2021年4月に、LIBOR参照取引の比率が80％を下回ると、同年8月には24％まで大きく低下し、2021年9月時点では、29％となった。LIBOR参照取引に代わって大きなシェアを占めるに至ったのが、オーバーナイト・インデックス・スワップ取引[5]（Overnight Index Swap、以下「OIS取引」という）である。OIS取引は、固定金利と変動金利を交換するスワップ取引の一種で、変動金利レグには、LIBORではなく、無担保コール翌日物金利（Tokyo Overnight Average Rate、以下「TONA」という）を用いる（図表1－4）。OIS取引の比率は、2021年8月に50％を上回ると、9月には60％程度にまで著増した。

5　OIS取引の活用事例については、リスク・フリー・レートに関する勉強会「日本円OIS（Overnight Index Swap）―取引の概要と活用事例―」（2018年4月6日）7～10頁を参照。

図表1-3　参照金利別の円金利スワップ取引シェア

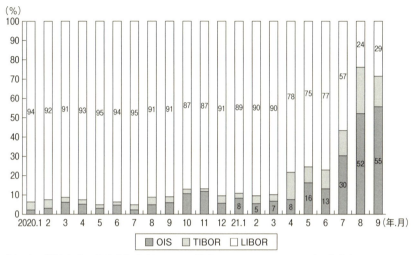

(注1) 新規取引の債務負担金額ベースで算出。ベーシス・スワップは含まない。
(注2) TIBORは、日本円TIBOR（DTIBOR）とユーロ円TIBOR（ZTIBOR）の合計。
(出所) 日本証券クリアリング機構「金利スワップ取引に関する統計データ［月次］」より筆者作成。

図表1-4　OIS取引の構造

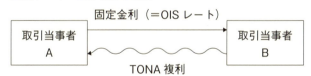

(注) 変動金利レグのTONAは、テナーに応じて複利計算される。
(出所) 筆者作成。

第3節　金利スワップ市場における変化の背景

　LIBORスワップの比率の低下は、当然、LIBOR公表停止に向けて市場参

加者が対応を進めた結果である。しかしながら、LIBORから、（他の金利指標を参照した金利スワップ取引ではなく）OIS取引へと移行したことは必ずしも論理必然ではない。この背景には、LIBORスワップからOIS取引への移行を強く促した、検討委員会の取組みがある。

　第1に、2021年3月26日、検討委員会から、「円金利スワップ市場におけるLIBOR公表停止への対応」[6]（以下「基本原則ステートメント」という）が公表された。具体的には、①遅くとも2021年9月末までに円LIBOR参照の金利スワップの新規取引を停止すること、②円金利スワップ市場において取引の中心となるべき代替金利指標はTONAであること、③遅くとも2021年7月末までに円金利スワップ市場における気配値呈示を円LIBORベースからTONAベースに移行すること、の3つの方針が打ち出された。このうち、方針②、方針③で示されたTONAベースでの取引とは、すなわち、OIS取引である（前掲図表1－4参照）。したがって、基本原則ステートメントの発出により、LIBOR停止後の金利スワップ市場においては、OIS取引を中心とするべきとの方針が明確化されたことが分かる。

　第2に、2021年7月26日、基本原則ステートメントの方針③（気配値呈示のTONAベースへの移行）の取扱いを具体化することを企図して、検討委員会から、「円金利スワップ市場における気配値呈示の移行対応（TONA First）について」[7]（以下「7月具体化ステートメント」という）が公表された。具体的には、インターバンクのボイス・ブローカー市場において、2021年7月30日の取引終了をもって、円LIBORを参照する金利スワップ（線形デリバティブ商品）の気配値呈示を一斉に停止することを市場参加者に求める内容であった。なお、7月具体化ステートメントでは、「流動性供給者による（ブローカー経由の場合を含む）気配値呈示を、円LIBORベースから

6　詳細は、検討委員会第21回会合資料「ターム物金利構築に関するサブグループからの報告内容」（2021年3月26日）を参照。

7　詳細は、検討委員会第23回会合資料「ターム物金利構築に関するサブグループからの報告内容」（2021年8月13日）を参照。

TONAベースに移行すること」を「TONA First」として明確に定義し、米国における「SOFR First」、英国における「SONIA First」と平仄が合わせられた。

第3に、2021年9月28日、基本原則ステートメントに示された方針①（2021年9月末のLIBORスワップ新規取引停止）の取扱いを具体化することを企図して、検討委員会から、「円LIBOR参照金利スワップの新規取引停止等について」[8]（以下「9月具体化ステートメント」という）が公表された。具体的には、①2021年9月末の新規取引が停止される「円LIBOR参照の金利スワップ」には、線形デリバティブ商品だけではなく、非線形デリバティブ商品も含むこと、②インターバンクのボイス・ブローカー市場において、2021年9月30日の取引終了をもって、円LIBORを参照する金利スワップ（非線形デリバティブ商品）の気配値呈示（執行機能を含む）を原則として一斉に停止することなどを市場参加者に求める内容であった。

こうした前提のもと、公表停止の直前期における金利スワップ市場での変化（前掲図表1－3参照）を改めて考察すると、検討委員会による上記3点のステートメントに沿った動きであったことが確認される。まず、2021年4月のLIBORスワップの一定の減少は、基本原則ステートメント等の初期効果の顕れと考えられる。この点、2021年4月時点では、OIS取引への移行までは必ずしも確認されないが、OIS取引への事務体制の整備などの諸対応が徐々に進むもとで、7月具体化ステートメントの効果もあいまって、2021年7月時点で、OIS取引の比率が30％まで急拡大している。そして、8月以降、市場参加者が「TONA First」の原則に従って一層の対応を進めるもとで、9月具体化ステートメントによる念押し効果もあり、2021年9月には、OIS取引の比率が60％程度にまで達している。

このように、円金利スワップ市場においては、検討委員会によるイニシアチブのもとで、①円LIBOR参照スワップの新規取引停止、そして、②OIS取

---

[8]　詳細は、検討委員会第27回会合資料「ターム物金利構築に関するサブグループからの報告内容」（2021年10月18日）を参照。

第1章　金利スワップ市場におけるLIBOR公表停止の影響　15

引への移行という2つのゴールに向けて、概ね順調に対応が進んだものと評価される。

第4節　OIS取引を増加させる本質的重要性

　本節では、検討委員会あるいは金融当局が、OIS取引への移行を志向する本質的なメカニズムを考察する。なぜ、他の金利指標を参照した金利スワップではなく、OIS取引であるべきなのか？　結論を先取りすると、ポストLIBORの世界において、主にキャッシュ商品（貸出や債券）での利用が想定されるターム物RFRを、LIBORの二の舞とせず、より頑健で信頼性の高い金利指標とするためには、OIS市場の活性化が不可欠である構造となっているからである。

(1)　ターム物RFR

　はじめに、ターム物RFRについて概観したい。ターム物RFRは、無担保翌日物金利の先行きの見通しを示すデリバティブ取引をもとに算出される。このとき、算出の元となるデリバティブ取引やデリバティブ市場は、ターム物RFRの価値を裏付けることから、裏付け取引や裏付け市場と呼ばれる。日本円ターム物RFRの裏付け取引となるデリバティブ取引には、ファイナンスの理論上、TONAを原資産とする、①金利スワップ取引（＝OIS取引）、及び②金利先物取引（＝TONA先物取引）の2つの選択肢が存在する。もっとも、日本円ターム物RFRの構築に向けた議論が始まった段階では、後者のTONA先物の取引が停止されていた事情もあり[9]、利用可能な取引データが存在しなかった。このため、日本におけるターム物RFRの算出には、事

9　検討委員会第21回会合（2021年3月26日）の議事要旨によれば、東京金融取引所は、当初、2020年中の取引再開に向けて検討を進めていたが、TONA金利先物の取引ニーズが限定的なもとで、取引再開は難しいとの見通しをその時点では示していた。

16　第1部　リスク・フリー・レート（RFR）への移行

実上、OIS取引が唯一の選択肢であった。

検討委員会が実施した「日本円金利指標の適切な選択と利用等に関する市中協議」（2019年7月）では、キャッシュ商品（貸出、債券）における円LIBORの代替金利指標として、ターム物RFRが最大の支持を集めていた。この背景としては、LIBORと同様に、適用金利の決定タイミングが前決めであり、キャッシュフローの確実性が担保されることや、現行の事務・システムや会計・取引慣行との親和性が高いことなどが挙げられる。

(2) 東京ターム物リスク・フリー・レート（TORF）の算出・公表

市場参加者によるターム物RFRへの高い支持のもと、OIS市場を裏付けとするターム物RFRの構築が進められた。まず、2019年10月、検討委員会は、ターム物RFRの運営機関となることを希望するベンダーの公募を開始した。その後、検討委員会の協力により設立された「ターム物RFR金利タスクフォース」による審査プロセスを経て、2020年2月、株式会社QUICK（以下「QUICK社」という）が選定されることとなった。その後、QUICK社より、ターム物RFRの参考値（実際の取引では利用できない試験的なレート）の週次公表（2020年5月）、続いて、日次公表（同年10月）が開始された。参考値の段階ではあったものの、ベンダーによるターム物RFRの公表開始という点では、日本は世界に先駆けて対応が進められた。そして、2021年4月、株式会社QUICKベンチマークス[10]（以下「QBS社」という）によるターム物RFRは、実際の取引での利用が可能となる「確定値」として正式な公表が開始されたのである。

この間、2020年7月には、QUICK社より、日本円ターム物RFRの正式名称を「東京ターム物リスク・フリー・レート」（Tokyo Term Risk Free Rate、略称「TORF」）とすることが公表された。以降、日本においては、

10　株式会社QUICKベンチマークスは、TORFの算出・公表を担う新会社として、QUICK社が2021年1月18日に設立。新会社設立の目的として、指標算出の透明性と運営の健全性を保つことを挙げている。

ターム物RFR＝TORF（トーフ）として認識されることとなった。なお、ターム物RFRは一般名詞であり、TORFは固有名詞であること、また、前述のとおり、TONA先物取引ベースのターム物RFRが構築される可能性などもゼロではないことを踏まえると、ターム物RFR＝TORFとのイコール関係は厳密には成立しない。しかしながら、現状、ターム物RFRとして存在するのはTORFのみである日本においては、ターム物RFR＝TORFとする市場慣行が既に成立している。この点は、複数のベンダーからターム物RFRが算出・公表されている米国や英国とは状況がやや異なっている。

(3) TORFの算出メカニズム

QBS社では、OIS市場を裏付け市場とするTORFの算出手法として、ウォーターフォール構造を採用している（図表1－5）。具体的には、第1階層として位置付けられる実取引データの使用を前提としつつも、実取引の件数が乏しい場合には、第2階層以下の気配値データを使用することとしている。換言すれば、上位に位置するデータ群ほど、データとしての質が高く、下位にいく（フォールしていく）ほど、データの質がやや落ちていく仕組みである。実取引データのみでの算出が理想ではあるが、金利指標を安定的に算出するという点では、バッファー的にウォーターフォール構造を設けることは合理的である。実際、金利指標の算出にこうしたウォーターフォール構造を用いることは極めて一般的であり、TORFに限った特殊な構造ではない。

図表1－5　TORF算出のウォーターフォール構造

順位	データ概要
第1順位	実取引（約定）データ
	・ボイス・ブローカーまたはCLOB上で成立した約定データ
第2順位	CLOB上の想定元本情報付きの注文ペア
	・CLOB上で提示された想定元本情報付きの気配データ

	・現状は、不採用	
第3順位	ボイス・ブローカー上の想定元本付きの注文ペア	
		・BidとOfferが同時に示されていて、双方に想定元本情報が付いているもの
第4順位	ボイス・ブローカー上の想定元本付きの注文（片気配）	
		・第3順位と同様に想定元本情報が付いているが、片気配の状態であるもの
第5順位	ボイス・ブローカー上の注文ペア	
		・BidとOfferが同時に示されていて、少なくとも最低執行元本であれば取引可能だが、想定元本情報は提示されていないもの

（出所）　QBS社「TORF概要書」（2021年4月21日）より筆者作成。

　次に、より直感的な理解を優先して、TORFの算出メカニズムを簡単化して示す（図表1－6）。例えば、6か月物のTORFの算出にあたっては、6か月物のOIS取引のデータを利用する。TORFの運営機関であるQBS社は、レポーティング・ブローカー経由で、市場における6か月物のOIS取引データを毎営業日集計する。そして、集計した各取引のOISレートを平均化（刈込元本加重平均）などすることで、市場参加者の先行き6か月間のTONAの金利観（複利ベース）として、TORFを算出・公表する。現在、TORFは、1か月物、3か月物、6か月物の3つのテナーで公表されているが、いずれも同様の手法で算出されている。

第1章　金利スワップ市場におけるLIBOR公表停止の影響　19

図表 1 − 6　TORF算出の簡単化したメカニズム

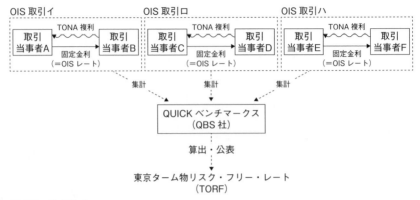

(出所)　筆者作成。

　こうした構造から明らかなように、TORF算出の元データとなるOIS取引が増加すればするほど、ウォーターフォールの第2階層以降の気配値データを利用することなく、第1階層の実取引ベースで安定的にTORFを算出することが可能となる。また、算出元データの増加により、個々の取引データがTORFのレート水準に与える影響（寄与度）も相対的に小さくなるため、算出データの乏しさに起因するレートのボラティリティを低減することが可能となる。

(4)　頑健な金利指標の構築に不可欠な裏付け市場の流動性

　金利指標の裏付けとなる市場の流動性が重要であることは、LIBOR問題のそもそもの出発点につながる。すなわち、LIBORは、世界中の膨大な金融取引において使用されていたにもかかわらず、LIBORの算出自体は、極めて僅少な取引をベースとして算出されていた。こうした問題意識は、グローバルに共有されてきたところである。例えば、米国の検討委員会（Alternative Reference Rates Committee、以下「ARRC」という）は、流動性の厚いRFRへの移行の重要性を発信する目的で、LIBORのこうした構造的な問題を紹介している[11]。また、証券監督者国際機構（International Organization of Securities Commissions、以下「IOSCO」という）は、僅少な裏付け取引に基づく金利指標が膨大な金融取引で利用される問題点を、「逆ピラミッド問題（*inverted pyramid problem*）」[12]と表現している。

更に、ARRCは、SOFR（Secured Overnight Financing Rate、担保付翌日物調達金利）に基づく「ターム物SOFR」（すなわち、米国におけるターム物RFR）を推奨するための主要原則を、2021年4月に公表した[13]。同年5月には、当該主要原則に沿う形で、推奨の目安となる定性的な指標（Market indicator）も公表している[14]。具体的には、①SOFR参照デリバティブ商品の継続的な増加、②SOFR参照デリバティブ商品のマーケットメイキング機能の更なる進展、③SOFR参照キャッシュ商品（貸出など）の増加、といった基準の充足が、頑健で安定的なターム物SOFRの構築につながるとした。

グローバルに共通するこうした問題意識に基づいて、日本の検討委員会や金融当局も、TORFの頑健性・信頼性の確保のために、裏付け取引となるOIS取引への移行の重要性を発信してきた。例えば、日本銀行の雨宮副総裁（当時）は、2021年6月の講演のなかで、「算出の裏付けとなるOIS取引の市場流動性など、金利指標としての頑健性の確保が重要な論点」と指摘している[15]。このほか、QUICK社も、OIS取引の増加を企図して、TONA Index・TONA Averagesの公表を2021年3月から開始している[16]。TORFの公表開始直後は、OIS取引の少なさを懸念する声が市場の一部にはあったものの、検討委員会や金融当局のイニシアチブにより、結果的に、LIBOR公表停止

11　ARRC, "SOFR Starter Kit Part I," August 7, 2020, p.1.

12　IOSCO, "Statement on Credit Sensitive Rates," September 8, 2021.

13　ARRC, "ARRC Announces Key Principles for a Forward-Looking SOFR Term Rate," April 20, 2021.

14　ARRC, "ARRC Identifies Market Indicators to Support a Recommendation of a Forward-Looking SOFR Term Rate," May 6, 2021.

15　雨宮正佳「最終局面を迎えたLIBOR移行対応―デウス・エクス・マキナ（機械仕掛けの神）は現れない―」（2021年6月8日）。

16　TONAの複利計算結果である、TONA IndexやTONA Averagesの公表は、TONA複利参照のキャッシュ商品を増加させ、ひいては、これらのキャッシュ商品のヘッジ目的でのOIS取引需要を喚起し得る。

第1章　金利スワップ市場におけるLIBOR公表停止の影響　21

を前にOIS取引は顕著に増加することとなった。

第5節 | おわりに

　本章では、LIBOR公表停止直前期における、円金利スワップ市場の動向について、ターム物RFR構築のメカニズムと結び付けて分析した。上述のとおり、OIS市場の流動性が低いままにTORFが算出されるリスクは低減したと考えられるが、引き続き、頑健なTORFの算出に必要なOIS取引量（あるいはTONA先物取引量）の定量的な検証など、一層の取組みの余地はなお残されているように思われる。

第2章

通貨スワップ市場における
IBORsからリスク・フリー・レート
（RFR）への移行の現状と今後の課題

第1節 はじめに

　現在、通貨スワップ市場では、銀行間取引金利（InterBank Offered Rates、以下「IBORs」という）ベースでの取引から、RFRベースでの取引へとグローバルにほぼ全面的に移行している。そこで本章は、RFRベースの市場構造へと大きく転換した通貨スワップ市場を対象に分析することを目的とする。はじめに、RFRベースの通貨スワップへの移行にかかる検討経緯や主たる論点、現在の市場でコンセンサスとなっている取引慣行について整理する。次に、有力な通貨ペアである米ドル／ユーロを念頭に、ユーロレグの参照金利として、EURIBOR（欧州銀行間取引金利）から欧州市場のRFRであるESTRへと移行することで生じる課題について分析する。最後に、RFRベースの通貨スワップへの移行が本邦金融市場に与える影響について、ターム物RFRの算出メカニズムとの関係性から考察を試みる。

第2節 | 通貨スワップの概要

　通貨スワップ[1]とは、異なる通貨（例えば、米ドルと日本円）のキャッシュフローを交換する取引を指し、通常、1年以上のタームで一定期間交換する。通貨スワップには様々な取引パターンが存在するが、典型的には、キャッシュフローに登場する通貨が2種類で、元本交換を行う。例えば、インターバンク市場での最も一般的な取引であるドル／円のベーシス・スワップでは、元本交換のほか、「米ドル3か月物参照金利」と「日本円3か月物参照金利＋通貨ベーシス（a）」といった変動金利を交換する（図表2－1）。この際、通貨ベーシス（a）が米ドルの調達プレミアムに相当する[2]。このほか、元本交換をせず、異なる通貨の金利部分のみを交換する通貨スワップをクーポン・スワップという。交換する金利の組合せとしては、変動金利と変動金利、固定金利と固定金利、及び変動金利と固定金利の交換がある。

　従前、通貨スワップにおける参照金利には、LIBORを利用することが一般的であった。しかしながら、LIBOR公表停止を見据えて、LIBORベースの通貨スワップからRFRベースの通貨スワップへとグローバルに移行対応が進められたところである。近年の通貨スワップ市場の動向について、国際決済銀行（BIS）によるグローバルな取引高サーベイをもとにした丸山ほか（2021）の分析によれば、対ドルでみた通貨スワップの取引高は、日本円が最も多く、次いで、ユーロ・英ポンド・豪ドル・カナダドル・NZドルと続いている状況である（2019年4月時点）[3]。

1　通貨スワップと同様の取引として、為替スワップがある。為替スワップでは、1年未満の短期期のタームでの取引が中心となっている点で、通貨スワップとは異なる。

2　需給の観点では、通貨ベーシス（a）が正の場合、相対的に円資金需要が強いことを示している。

3　丸山凜途、鷲見和昭「店頭デリバティブ取引データからみた通貨スワップ市場：感染症拡大の影響とその後の回復を中心に」『日銀レビュー』2021-J-4、2頁。

図表2－1　通貨スワップのスキーム図

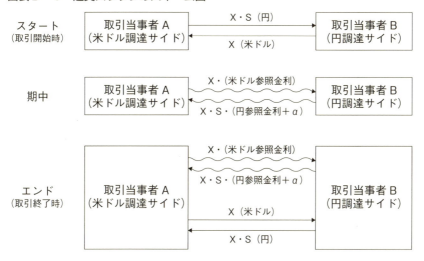

X：元本、S：直物為替レート、α：通貨ベーシス
（出所）　筆者作成。

第3節　RFR参照通貨スワップへの移行に向けた国際的な取組み

　2021年12月末、LIBORは原則として恒久的な公表停止を迎えた。この点、米ドルLIBORの主要テナー（翌日物・1か月物・3か月物・6か月物・12か月物）については、2023年6月末まで公表が継続されることとなったものの、新規取引での利用は原則として禁止された。このため、2022年入り後の段階における通貨スワップ市場では、少なくとも主要な通貨ペアでは、LIBORをはじめとするIBORs参照取引から、RFR参照取引へとほぼ全面的に移行した[4]。本節では、こうしたRFR参照取引への円滑な移行が実現した

---

[4]　主要な通貨ペア以外も含めた更なる詳細については、例えば、Clarus Financial Technology, "What is Now Trading in RFR Cross Currency Swaps?," February 2, 2022を参照。

背景として、各国金融当局や金利指標に関する各国検討委員会による取組みの面から、3つの重要なマイルストーンを指摘する。具体的には、第1に、RFR参照通貨スワップの取引慣行に関する勧告の公表、第2に、米国当局によるSOFRファーストへの通貨スワップの追加、そして第3に、米ドル／ユーロの通貨スワップにおけるRFRの利用推奨である。

(1) RFR参照通貨スワップの取引慣行に関する勧告

2018年8月、米国の検討委員会（ARRC）は、傘下のMarket Structures Working Groupのもとに、「通貨スワップに関するサブグループ」（Cross-Currency Basis Swap Subgroup、以下「CBSS」という）を設立した。CBSSは、バイサイド、セルサイド、市場仲介者等から構成され、RFRを参照する通貨スワップのディーラー間の取引慣行の制定に向けた作業を進めてきた。一連のCBSS会合には、金利指標に関する各国の検討委員会（英国、スイス、日本、カナダ）や、各国中央銀行、国際スワップ・デリバティブ協会（ISDA）、清算・決済インフラプロバイダー、その他の市場参加者等も参画し、幅広いプレイヤーが議論に加わった。なお、日本では、CBSSでの議論に参加するため、検討委員会のもとに、2018年11月、「通貨スワップ等ワーキンググループ」が設立された。

CBSS会合における検討の主要なポイントとしては、次の3点が挙げられる。すなわち、①対象となる両通貨の参照する金利がRFRである通貨スワップに関して検討すること、②検討の射程に対顧客取引は含まず、ディーラー間の取引慣行についてのみ検討すること、③LIBORを参照金利とする通貨スワップの取引慣行をもとに、主として技術的な変更点について議論・検討すること、の3点であった。CBSSでのこうした検討を経て、2020年1月、ARRCは、「通貨スワップ市場におけるディーラー間の取引慣行に関する勧告」[5]を公表した（図表2-2）。本勧告で推奨された取引慣行は、現在の通

---

5 詳細は、ARRC, "Recommendations for Interdealer Cross-Currency Swap Market Conventions," January 24, 2020を参照。

26 第1部 リスク・フリー・レート（RFR）への移行

貨スワップの標準的な取引慣行のベースとなっていることから、以下でその概要を整理していく[6]。

図表2－2　推奨する取引慣行の概要

①　Frequency of payments
利払い頻度は四半期ごと
②　Exchange of notional principal cash flows
元本交換あり（取引のスタートとエンド）
③　Interest convention
RFR 複利（後決め）
④　Alignment of payment or rate fixing dates
元本支払日を通貨間で一致させる
⑤　Spot（2 business days）start
スポットスタート
⑥　Reset of notional principals
元本の洗い替えと利払いのタイミングについては、3案を選択肢として提示するにとどめている
⑦　Discounting and PAI
CSAの付利金利やディスカウント金利については、特定のものを推奨することは行わない

（出所）　検討委員会資料[7]より筆者作成。

①　Frequency of payments

　各レグの利払い頻度については、四半期ごとの支払が推奨された。これは、LIBORベースの通貨スワップや、RFRを参照する標準的なOIS取引における構造と親和性が高いことが背景となっている。

6　ARRCによる勧告、及び、当該勧告の公表を受けて本邦検討委員会が作成した「『通貨スワップ市場におけるディーラー間の取引慣行に関する勧告』の公表について」（2020年1月31日）に沿って整理している。

7　日本円金利指標に関する検討委員会「『通貨スワップ市場におけるディーラー間の取引慣行に関する勧告』の公表について」（2020年1月31日）。

② Exchange of notional principal cash flows

元本交換については、既存の標準的な取引慣行との親和性の観点から、取引のスタート日とエンド日に行うことが推奨された。

③ Interest convention

利息計算については、OIS取引における標準的な取引慣行との親和性の観点から、RFR複利（後決め）方式が推奨された。

④ Alignment of payment or rate fixing dates

元本の支払日については、クレジットリスクを回避する観点から、通貨間で一致させることが推奨された。

⑤ Spot (2 business days) start

既存の標準的な取引慣行との親和性の観点から、スポットスタート（2営業日後）とすることが推奨された。

⑥ Reset of notional principals

元本の洗い替えと利払いのタイミングについては、グローバルに特定の市場慣行を推奨することはせず、以下の3案を選択肢として提示するにとどめた。実際の取引では、取引当事者や各国の市場の実情等に応じて対応していくこととなる（図表2－3）。

    a 元本の洗い替えと利払いのタイミングは、LIBOR参照の通貨スワップから変更せず、金利の観測期間を2営業日前倒しする方法

    b 元本の洗い替えと利払いのタイミングを、LIBOR参照の通貨スワップと比べて、2営業日後ろ倒しする方法

    c 元本の洗い替えのタイミングは、LIBOR参照の通貨スワップから変更せず、利払いのタイミングを2営業日後ろ倒しする方法

⑦ Discounting and PAI[8]

通貨スワップにおけるCSA[9]の付利金利やディスカウント金利については、明文化された市場慣行が存在しないなか、個別の取引に応じた条件設定

8　PAIとは、Price Alignment Interestの略で、中央清算機関と清算参加者の間で授受する変動証拠金の利息を指す。

28　第1部　リスク・フリー・レート（RFR）への移行

次第という面もあることから、特定の市場慣行を推奨しないこととされた。

図表2－3　元本の洗い替えと利払いのタイミング

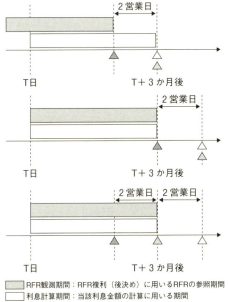

選択肢 a．
・利息支払日と元本洗い替え日は、(LIBOR参照通貨スワップと同じく）利息計算期間終了日に一致させる。
・ただし、RFR観測期間は利息計算期間とは一致させず、2営業日前倒しする（利息金額確定から利払いまでの時間的猶予を確保するため）。

選択肢 b．
・利息支払日と元本洗い替え日は、(LIBOR参照通貨スワップとは異なり）利息計算期間終了日から2営業日後に設定（利息金額確定から利払いまでの時間的猶予を確保するため）。
・RFR観測期間と利息計算期間は一致させる。

選択肢 c．
・元本洗い替え日は、(LIBOR参照通貨スワップと同じく）利息計算期間終了日に一致させる。
・利息支払日は、(LIBOR参照通貨スワップとは異なり）利息計算期間終了日から2営業日後に設定（利息金額確定から利払いまでの時間的猶予を確保するため）。
・RFR観測期間と利息計算期間は一致させる。

（出所）　検討委員会資料[10]より筆者作成。

(2)　SOFRファーストへの通貨スワップの追加

前項のとおり、RFRベースの通貨スワップに関する取引慣行について、グローバルに一定の方向性が共有された。こうした基礎的な検討が完了していたこともあり、商品先物取引委員会（CFTC）傘下の市場リスク諮問委員会（MRAC）は、2021年6月24日の会合において、「SOFRファースト[11]」

9　CSAとは、Credit Support Annexの略で、店頭デリバティブ取引を実行する際に、取引当事者間で相互に担保資産を差し入れる担保契約を指す。
10　検討委員会・前掲注7別添を参照。
11　SOFRファーストとは、流動性供給者による気配値呈示を、LIBORベースから米国におけるRFRであるSOFRベースへと移行することを指す。

第2章　通貨スワップ市場におけるIBORsからリスク・フリー・レート(RFR)への移行の現状と今後の課題　29

対象商品への通貨スワップの追加を決定した。具体的には、ユーロを除くLIBOR 4通貨（米ドル・英ポンド・スイスフラン・日本円）の通貨スワップに関して、LIBORベースからRFRベースへと一斉に切り替える日を、2021年9月21日とすることを推奨した[12]。これに対して、ARRC[13]や英国金融当局（FCA、BOE）[14]がMRACの決定を支持するスタンスを即座に表明した。日本においても、通貨スワップ等ワーキンググループにおける意見照会の結果、英米当局と同様に、MRACの推奨内容を支持する方針が明確化された[15]。このように、各国金融当局や各国検討委員会の後押しも受けて、RFRベースの通貨スワップ市場への移行が急速に進捗することとなった。

(3) RFRファーストへのユーロの追加

4通貨（米ドル・英ポンド・スイスフラン・日本円）のレグでRFRベースへの移行が推奨された時点では、ユーロは対象通貨から除外されていた。この背景として、欧州市場では、LIBORよりもEURIBORが中心的な金利指標として従前より利用されてきたことが挙げられる。実際、米ドル／ユーロの通貨スワップ等では、EURIBORベースの取引が標準的であった。更に、LIBORと異なり、EURIBORの公表停止は想定されていないこともあいまって、欧州の市場参加者の間で、通貨スワップ市場におけるRFRベースへの移行についてコンセンサスが得られなかった。

この点、2021年7月1日に開催された欧州検討委員会（WG on euro RFR）の議事要旨を確認すると、ユーロを除く4通貨の通貨スワップにつ

12　CFTC, "SOFR First | MRAC Subcommittee Recommendation," July 13, 2021.

13　ARRC, "ARRC Endorses MRAC Recommendations for September 21 "RFR First" Move of Interdealer Cross-Currency Swap Market Trading Conventions," July 21, 2021.

14　BOE, "The FCA and the Bank of England Encourage Market Participants in a Switch to RFRs in the LIBOR Cross-currency Swaps Market from 21 September," July 21, 2021.

15　詳細は、日本円金利指標に関する検討委員会「通貨スワップ市場における気配値呈示の移行対応について」（2021年8月13日）を参照。

いては、2021年9月21日でのRFRベースへの切り替えを支持しているものの、ユーロの参照金利については、引き続き、市場の動向やエンドユーザーの需要を見極めていくとするにとどめていた[16]。2021年9月29日の会合においても、通貨スワップにおけるユーロの参照金利について、市場参加者から様々な意見が表明された[17]。ある参加者は、EURIBORの廃止が予定されていない点から、ESTRベースの市場へと移行する緊急性に疑問を呈し、当面はEURIBORベース及びESTRベースの2つの市場を共存させるべきであると主張した。一方で、別の参加者は、2つの市場を共存させるのではなく、特に市場流動性を確保する観点から、1つの市場に集約する方が効率的であると主張した。この点、市場の集約化については、複数の参加者が、EURIBORベース又はESTRベースのいずれかに市場は自然と今後移行していくとの見解を示し、現時点では、何らかの勧告により促す理由はないと指摘した。また、別の参加者も、市場参加者の選好の差異等を考慮すると、特定の方向へと市場を誘導するのは時期尚早ではないかとの見解を示した。このように、欧州検討委員会や金融当局による干渉に否定的な見解が示された一方で、別の参加者は、RFR参照商品への移行を加速させ、流動性を高めるためには市場を後押しする必要があり、検討委員会等による推奨が有用であると主張した。欧州中央銀行（ECB）も、他の通貨圏との整合性を図る観点などから、こうしたスタンスを支持した。

　このように、少なくとも2021年9月時点では、欧州の市場参加者の間でも、RFRベースの通貨スワップへの移行に関して様々な見解が示されていた。しかしながら、2021年12月9日、欧州検討委員会は、ディーラー間市場における米ドル／ユーロの通貨スワップのユーロレグの参照金利として、2021年12月13日に、ESTRへと切り替えることを正式に推奨した[18]。この背

16　WG on Euro RFR, "Minutes of the Euro Risk-Free Rates WG Meeting 01/07/2021," August 18, 2021.

17　WG on Euro RFR, "Minutes of the Euro Risk-Free Rates WG Meeting 29/09/2021," October 29, 2021.

景として、主要な通貨ペアではRFRベースでの取引がグローバルに既に主流になりつつあったことに加え、2022年以降の新規取引における米ドルLIBORの原則利用禁止が明確化されたことが挙げられる。すなわち、少なくともディーラー間取引においては、EURIBORベースの取引を継続してしまうと、一方のレグでは銀行の信用リスクを含む金利指標（IBORs）を参照し、もう一方のレグでは信用リスクを含まないRFRを参照することとなる。こうした取引を市場参加者が忌避した結果、ユーロの参照金利にRFR（ESTR）を利用することについて欧州市場でコンセンサスが形成されたものと考えられる。

第4節 | 欧州市場で浮上する新たな論点

　欧州検討委員会による推奨の結果、ディーラー間市場における米ドル／ユーロの通貨スワップはRFRベースへとほぼ全面的に移行することとなった[19]。こうしたなか、対顧客向けにヘッジ取引を提供する金融機関サイドには、当該ヘッジ取引のカバー取引をディーラー間市場で実行する際に、新たな論点が浮上した。

　前述のとおり、欧州の金融市場では、幅広い金融商品（ホールセール貸出、リテール貸出、社債等）でEURIBORが参照されている。この点、例えば、金融機関の顧客（事業法人等）が、SOFR参照の米ドル債の発行等によって米ドル調達を実行し、その後、EURIBORを参照金利とするキャッシュフローに変換したい場合、金融機関は、顧客に対して、SOFR／EURIBORのクーポン・スワップ等（ヘッジ取引）を提供することとなる。しかしながら、金融機関が、当該ヘッジ取引のカバー取引をディーラー間市

---

18 WG on Euro RFR, "Statement from the EUR Risk Free Rates Working Group," December 9, 2021.

19 詳細は、Clarus・前掲注4を参照。

32　第1部　リスク・フリー・レート（RFR）への移行

場で実行する際には、前述のとおり、RFRベースでの取引が推奨されているため、SOFR／ESTRでのカバー取引とせざるを得なくなる。このケースにおいて、顧客向けにヘッジ取引を提供する金融機関は、EURIBORとESTRのベーシス・リスクを保有することになるため、別途、EURIBOR／ESTRのベーシス・スワップを実行することも考えられるが、ヘッジコストが追加的に生じることになる（図表2－4）。このため、効率的なカバー取引の実行の観点から、ディーラー間市場におけるSOFR／EURIBORのスワップ市場の形成を求める方向性も考えられるが、他方で、ディーラー間の通貨スワップにおける市場流動性を分断してしまうリスクも存在する。この点について、欧州市場でコンセンサスはいまだ形成されていない模様であり、今後の市場動向を引き続き見極めていく必要がある。

図表2－4　欧州市場におけるヘッジ戦略

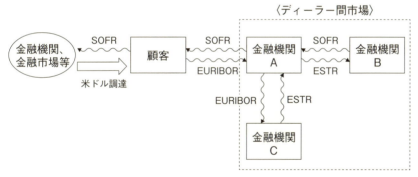

（出所）　筆者作成。

第5節　RFR参照通貨スワップの本邦金融市場への影響

　通貨スワップにおける日本円レグでは、RFRベースへとほぼ全面的に移行している。本節では、本邦におけるRFRであるTONAベースでの通貨スワップの増加が、金利指標改革の観点から本邦金融市場へ与える影響につい

て、ターム物RFRの算出メカニズムとの関係性から若干の考察をしたい。

日本においては、2021年4月より、株式会社QUICKベンチマークス（QBS社）が、ターム物RFR（TORF）の公表を開始している。TORFは、日本円OIS市場を裏付け市場として算出されていることから、日本円OIS市場の活性化が、TORFの金利指標としての頑健性・信頼性向上につながるメカニズムとなっている。

この点、通貨スワップにおけるTONA参照取引の増加は、日本円OIS取引の増加につながる波及メカニズムがあると考えられる。すなわち、第3節で整理したとおり、RFRベースの通貨スワップでは、利息の計算方式として、RFR複利（後決め）方式が推奨されている。例えば、日本国債等を保有する海外の金融機関（海外投資家等）が、米ドル／日本円の通貨スワップをRFRベースで実行するケースを想定する。この際、取引相手となる本邦金融機関は、SOFR複利（後決め）の払いポジション・TONA複利（後決め）の受けポジションを取ることとなる。そして、このポジションを保有する本邦金融機関が、TONA複利（後決め）のキャッシュフローを固定化する目的でヘッジ取引を実行する場合、日本円OIS取引を実行し、変動金利（＝TONA複利）と固定金利（＝OISレート）を交換することが考えられる。こうした波及経路により、RFRベースの通貨スワップの増加が、日本円OIS市場を活性化させ、ターム物RFR（TORF）の頑健性向上に寄与していく可能性がある（図表2－5）。

円金利スワップ市場の動向をみると、2021年7月以降、OIS取引への移行が円滑に進捗し、2022年1月以降は、OIS取引が全体の90％以上を占めるに至っている（図表2－6）。RFR参照通貨スワップの増加が、OISの取引件数をどの程度押し上げるのかを定量的に示すことは容易ではないが、こうした円滑な移行の一部には、通貨スワップ市場における変化も寄与したものと考えられる。

図表2－5　RFR参照通貨スワップとOIS市場の流動性

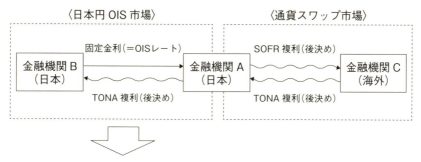

(出所)　筆者作成。

図表2－6　参照金利別の円金利スワップ取引シェア

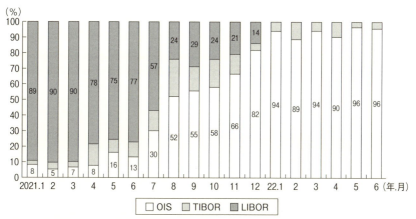

(注1)　新規取引の債務負担金額ベースで算出。ベーシス・スワップは含まない。
(注2)　TIBORは、日本円TIBOR（DTIBOR）とユーロ円TIBOR（ZTIBOR）の合計。
(出所)　日本証券クリアリング機構「金利スワップ取引に関する統計データ［月次］」より筆者作成。

第6節 おわりに

　LIBOR公表停止を受けて、グローバルに、通貨スワップ市場はRFRベースの取引へと移行している。本章では、こうした変化について、RFRベースの通貨スワップの標準的な取引慣行や、各国金融当局及び各国検討委員会による過去の検討経緯等も含めて考察した。通貨スワップ市場におけるRFRベースでの取引が標準化していくなかで、第4節で指摘したように、特に欧州市場では新たな論点も浮上してきている。今後、対顧客向け取引とディーラー間取引の分断化が進行していく可能性もあり、金融機関のリスクマネジメントの観点からも注意を要する論点である。また、第5節では、本邦金融市場への影響という観点から、RFRベースの通貨スワップの増加が、日本円OIS市場の流動性を向上させて、その結果、ターム物RFRの頑健性の向上につながり得る波及経路について考察した。RFRベースの通貨スワップ市場へと移行してから日が浅く、今後は、エマージング通貨が関連する場合の通貨スワップに関する取引慣行など、新たな課題・論点が浮上してくる可能性もある。

第3章

金融取引におけるターム物リスク・フリー・レートの使用に関する検討
——LIBOR公表停止後の望ましい金利指標のあり方

第1節 │ はじめに

　ポストLIBOR時代における代替金利指標として、英国などを中心としたグローバルには、オーバーナイト物RFR後決め複利（以下「O/N RFR後決め複利」という）が主として想定される一方、日本においては、ターム物RFRの広範な利用が想定されており、この点で他国とはやや異なる路線へと進む可能性がある。本章では、主として英国及び米国との比較を通じて、ターム物RFRの使用にかかる諸論点を検討するとともに、LIBOR公表停止後の望ましい金利指標のあり方を展望する。

　はじめに、LIBOR公表停止へと至った背景を中心に、これまでの金利指標改革の取組みを概観する（第2節）。次に、LIBOR公表停止後の代替金利指標の選択肢について、O/N RFR後決め複利とターム物RFRの2つを中心に整理する（第3節）。続いて、代替金利指標としてのターム物RFRの利用に関する、英国及び米国における利用制限について概観し（第4節）、英米との比較の観点を意識しつつ、日本におけるターム物RFRの利用方針等を整理する（第5節）。最後に、金融取引におけるターム物RFRの利用に関して残存する課題を指摘し（第6節）、結論とする（第7節）。

第2節 │ LIBOR公表停止の経緯

(1) LIBORの概要

　LIBORとは、1986年より、英国銀行協会（BBA）が公表を開始した金利指標であった。その後、不正操作問題の発覚を契機とした改革の一環で、2014年2月より、ICE Benchmark Administration（IBA）へと運営機関が変更された[1]。LIBORは、ロンドンのインターバンク市場において、世界の主要銀行が、短期資金を調達する際の金利を平均して算出された。より具体的には、金利を呈示する銀行である「パネル行」として指定された銀行が、無担保で資金調達する際に市場実勢と想定するレートを、運営機関であるIBAに呈示し、上下一定数を除いた残りの銀行による呈示レートの平均値を計算することによって、ロンドン時間午前11時時点の金利として算出する仕組みが採られた（図表3－1）。最後まで公表の続いた米ドルLIBORの算出方法[2]をみると、15行のパネル行のうち、上下4行を除く7行の呈示レートを平均する形式となっていた。

---

[1] BBAが算出・公表していたLIBOR（BBA LIBOR）と明確に区別するためには、IBAが算出・公表するLIBORを「ICE LIBOR」と表記することが適切であるが、簡便性のため、ICE LIBORを単に「LIBOR」と表記する。

[2] 2022年1月4日から2023年6月30日の期間における、翌日物、1か月物、3か月物、6か月物、12か月物の米ドルLIBORの算出方法を指す。詳細は、IBA, "USD LIBOR Methodology."（https://www.theice.com/publicdocs/USD_LIBOR_Methodology.pdf）を参照。

38　第1部　リスク・フリー・レート（RFR）への移行

図表 3 - 1 LIBOR算出方法のイメージ

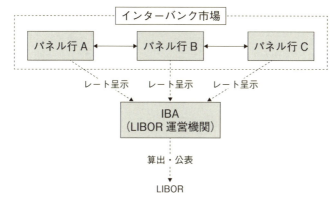

(出所) 筆者作成。

(2) LIBOR不正操作問題

2012年6月、過去の不正操作が発覚したバークレイズ銀行は、英米金融当局から巨額の制裁金支払命令[3]を受けた。これを皮切りに、欧米の金融機関による同様の不正操作が相次いで発覚した（図表 3 - 2）。不正操作の態様[4]としては、①情報操作型、及び②利益追求型、の2つに大別することができる（図表 3 - 3）。

図表 3 - 2　LIBOR不正操作の主な事例

行政処分時期	対応国	金融機関	各国当局による主な対応
2011年12月	日	シティグループ、UBS	行政処分（業務改善命令・業務停止命令）
2012年6月	英米	バークレイズ	総額4.5億ドルの制裁金支払を命令

3　金融庁「LIBOR公表停止に金融機関はどう対応すべきか」（一般社団法人金融財政事情研究会「第2550回金曜例会」資料）（2020年1月24日）8頁。
4　LIBOR不正操作の態様の分類は、森下哲朗「LIBOR不正操作問題と国際的な対応」『金融法務事情』No.1999、8頁を参考とした。

2012年12月	英米瑞	UBS	総額15億ドルの制裁金支払を命令
2013年2月	英米	RBS	総額6.1億ドルの制裁金支払を命令
2013年4月	日	RBS	行政処分（業務改善命令）
2013年9月	英米	ICAP（金融取引仲介業者）	総額8,700万ドルの制裁金支払を命令
2013年10月	日英米蘭	ラボバンク	日本当局は行政処分（業務改善命令）、英米蘭当局は総額20億ドルの制裁金支払を命令
2013年12月	欧	バークレイズ、ドイツ銀行、ソシエテ・ジェネラル、RBS、UBS、JPモルガン、シティ、RPマーティン	総額23億ドルの制裁金支払を命令 (注)　バークレイズとUBSは、自主申告により支払を免除
2014年5月	英米	RPマーティン	総額0.2億ドルの制裁金支払を命令
2014年7月	英米	ロイズ銀行	総額3.8億ドルの制裁金支払を命令
2014年10月	欧	JPモルガン、RBS、UBS、クレディ・スイス	総額1.2億ドルの制裁金支払を命令
2015年4月	英米	ドイツ銀行	総額25億ドルの制裁金支払を命令
2015年5月	米	UBS	2億ドルの制裁金支払を命令
2016年5月	米	シティ	総額4.2億ドルの制裁金支払を命令
2016年12月	欧	クレディ・アグリコル、HSBC、JPモルガン	総額5.3億ドルの制裁金支払を命令

（出所）　金融庁・前掲注3・8頁より筆者作成。

図表 3－3　不正操作の態様

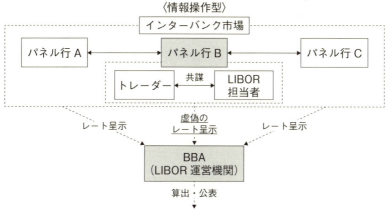

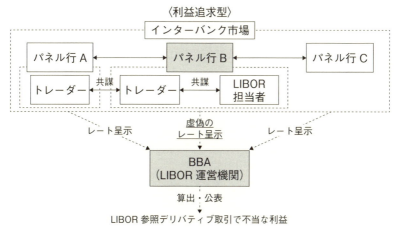

(出所)　金融庁・前掲注 3・7 頁より筆者作成。

① 情報操作型

　2008年の金融危機以降、自行の呈示するレートを、実勢よりも低めに呈示する形での不正操作が発生した。自行の呈示レートが、他行の呈示レートよりも高い場合、自行の信頼性や健全性に対する疑念を市場参加者に生じさせ得るため、これを回避したいとのパネル行の思惑が背景にあった。例えば、

英国金融サービス機構（FSA）[5]は、バークレイズ銀行におけるレート呈示の担当者が、銀行幹部から、低めのレートを呈示するよう指示を受けたことを指摘している[6]。また、別の日には、1か月物米ドルLIBORとして担当者が5.5%を呈示しようとしたところ、社内での電話会議の結果、5.5%という水準ではメディアからネガティブな反応が予想されるとして、最終的に、当初の呈示レートよりも20ベーシスポイント低い5.3%が呈示されたと指摘している[7]。

② 利益追求型

銀行のデリバティブトレーダーが、自己の保有ポジションに有利となるように、実際よりも高め、あるいは、低めのレートを呈示するように社内のレート呈示担当者に不正に働きかける形での不正操作も発生した。利益追求型のこうした不正操作においては、複数の銀行が共謀してレートを操作するケースもあった。例えば、バークレイズ銀行の場合には、2005年1月から2009年5月までの間に、米ドルLIBORのレート呈示に関して、少なくとも173回、レート呈示担当者に対する不正操作の依頼があったと指摘されている。このうち11回の依頼に関しては、他行のトレーダーとの共謀に基づくものであったことが指摘されている[8]。

(3) 金利指標改革の取組み

不正操作問題の発生を受けて、グローバルに、銀行間取引金利（IBORs）に対する信頼性・頑健性に対する疑念が拡大したため、金融当局の主導で金利指標改革が始まることとなった。まず、2012年9月に、英国において、「Wheatley Review」と呼ばれる報告書が公表され、LIBOR改革に必要な10

5　2013年4月に、FSAは解体され、プルーデンス政策を担う健全性監督機構（Prudential Regulatory Authority、PRA）と行為規制を担う金融行為規制機構（Financial Conduct Authority、FCA）へと結果的に分割された。

6　FSA, "Final Notice to Barclays Bank Plc," June 27, 2012, p.25.（https://www.fca.org.uk/publication/final-notices/barclays-jun12.pdf）

7　*Id.*, p.26.

8　*Id.*, p.11.

点が指摘された。例えば、①LIBORのレート呈示や管理を法令に基づく当局の監督下とすること、②LIBORの運営機関をBBAから他の組織へと変更すること、③呈示レートを十分な取引データに基づくものとすること、などが指摘された[9]。2013年7月には、証券監督者国際機構（IOSCO）が、「金融指標に関する原則の最終報告書[10]」を公表し、指標の算出者のガバナンス、指標の品質、指標の算出方針の品質、算出者の説明責任といった項目に関する19の原則（以下「IOSCO原則」という）を提示した[11]。更に、2014年7月には、金融安定理事会（FSB）が、「主要な金利指標の改革[12]」と題する報告書を公表し、金融商品・取引の性質に応じて適切な金利指標を使い分ける「マルチプル・レート・アプローチ」（図表3－4）の実現を提唱した。具体的には2つの方向性[13]を含んでおり、第1に、十分な取引データを裏付けとすることで既存のIBORsの頑健性を高める改革[14]、第2に、銀行のクレジットリスク等を反映しないRFRを構築・活用することである。このように、少なくとも2014年7月時点では、LIBORを含むIBORsの存続を前提に、金利指標改革を進めていくこととなった点が特色である。

9　HM Treasury, "The Wheatly Review of LIBOR: Final Report," September 2012, pp.8-9.

10　IOSCO, "Principles for Financial Benchmarks Final Report," July 2013.

11　日本円金利指標に関する検討委員会「日本円金利指標の適切な選択と利用等に関する市中協議」（2019年7月2日）19頁。

12　FSB, "Reforming Major Interest Rate Benchmarks," July 22, 2014.

13　*Id.*, p.2.

14　日本においては、2017年7月、全銀協TIBOR運営機関によって、TIBOR改革が実施された。詳細は、全銀協TIBOR運営機関「全銀協TIBOR改革の実施について」（2017年7月24日）を参照。

第3章　金融取引におけるターム物リスク・フリー・レートの使用に関する検討　43

図表3-4 マルチプル・レート・アプローチ

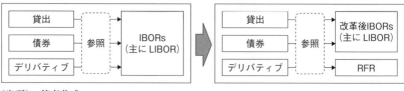

(出所) 筆者作成。

(4) LIBOR公表停止へ

　金融当局の主導によって、主としてガバナンス面でのLIBOR改革は進捗したものの、指標の算出に可能な限り実取引データを利用するという観点での改革の進捗は不芳であった。この背景として、金融危機の発生以降、金融規制対応などの観点から、無担保での短期資金調達が総じて敬遠された結果、実取引が趨勢的に減少したことが挙げられる。実取引が乏しい結果、LIBORの算出にあたって、専門家判断（expert judgment）によるレートの報告が大半を占めるようになったことが指摘されている[15]。加えて、LIBORパネル行としても、レート呈示に一度不正があれば、行政処分や巨額の罰金を科されるリスクがあるなど、コンプライアンスリスクの大きい業務になったほか、パネル行が減少する状況下で、一部の銀行だけが金融インフラを支えるコストを負担するのは、他行との競争上不利になることへの懸念も指摘された[16]。このような状況のなか、2017年7月、LIBORの監督当局である英国金融行為規制機構（FCA）のベイリー長官（当時）は、「2021年末以降は、LIBORのパネル行に対してレート呈示の強制権を行使しない」旨を表明した[17]。これ以降、2021年末でのLIBOR公表停止を前提に、LIBOR通貨

15　川澄祐介、片岡雅彦「米国短期金融市場の不安定化とグローバルな波及―新型コロナウイルス感染症の拡大と金融市場②―」『日銀レビュー』2020-J-10、7頁。
16　金融庁・前掲注3・11頁を参照。
17　Bailey A., "The future of LIBOR," July 27, 2017.

（米ドル、英ポンド、ユーロ、スイスフラン、日本円）の金融監督当局や中央銀行を中心に、グローバルに検討・対応が進められることとなった。

第3節 | LIBOR公表停止後の代替金利指標の選択肢

金利指標改革の開始当初は、金融商品の性質に応じて金利指標を使い分けるマルチプル・レート・アプローチが採用されたものの、裏付け市場の取引量の乏しさ等からIBORsの頑健性向上が容易ではなかった面もあり、この考え方は徐々に後退していくこととなった。2018年7月のFSBのステートメント[18]では、RFRへの移行が強く推奨されているほか、2019年12月にFSBが公表した「『主要な金利指標の改革』の2019年進捗報告書」は、マルチプル・レート・アプローチの考え方自体は否定していないものの、全体として、RFRへの移行を推奨する色合いが濃い内容となっている。例えば、マルチプル・レート・アプローチを支持する各法域（豪州、カナダ、日本等）においても、最終的には、RFRを主要な金利指標とすることが期待されると整理している[19]。この点、RFRベースの代替金利指標の有力な選択肢としては、①O/N RFR後決め複利、及び②ターム物RFRの2つが想定された（図表3－5）。

まず、①O/N RFR後決め複利とは、金利の適用開始時点から終了時点までのO/N RFR（日本ではTONA）を日次複利で積み上げることで、適用金利を計算する方法である。O/N RFR前決め複利とは異なり、金利の参照期間と金利の計算期間が概ね一致するため、金利の計算期間の最終日が近づいた時点で適用金利が確定する。すなわち、毎営業日のO/N RFRの実績値を

---

18 FSB, "Interest Rate Benchmark Reform – Overnight Risk-free Rates and Term Rates," July 12, 2018.

19 FSB, "Reforming Major Interest Rate Benchmarks Progress Report," December 18, 2019, p.5.

利用するため、金利の適用開始時点では適用金利が確定しない。この点が、LIBORのような前決め金利とは決定的に異なる。

次に、②ターム物RFRとは、O/N RFRの先行きの見通しを示すデリバティブ取引[20]をもとに算出される。日本におけるターム物RFRである「東京ターム物リスク・フリー・レート」（TORF[21]）は、OIS取引をもとに算出・公表されている。

図表3－5　代替金利指標の算出イメージ[22]

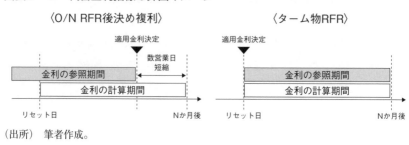

（出所）　筆者作成。

日本銀行を事務局とする「日本円金利指標に関する検討委員会」（以下「検討委員会」という）が実施した「日本円金利指標の適切な選択と利用等に関する市中協議」（2019年7月）においては、キャッシュ商品（貸出、債券）における円LIBORの代替金利指標として、ターム物RFRが最大の支持を集める結果となった（図表3－6）。この背景には、LIBORと同様に、適用金利の決定タイミングが前決めであり、キャッシュフローの確実性が担保されることや、LIBORベースの事務・システムや会計・取引慣行との親和性が高いことなどが挙げられる。このように、日本では、ターム物RFRへ

20　日本円であれば、理論上、TONAを原資産とする、(a)金利スワップ取引（OIS取引）、及び(b)金利先物取引（TONA先物取引）の2つの選択肢がある。
21　Tokyo Term Risk Free Rateの略称。株式会社QUICKベンチマークス（QBS社）が、2021年4月より、実際の金融取引での利用が可能となる「確定値」としての公表を開始した。
22　O/N RFR後決め複利の計算方法にはいくつかの方式が存在するが、ここでは、Reset days prior方式を例として挙げている。計算方式の詳細は、日本円金利指標に関する検討委員会・前掲注11・10～11頁を参照。

の支持が当初から強く、O/N RFR後決め複利を主要な代替金利指標として想定していた欧米とはやや方向性が異なるものであった。

図表３－６　貸出における代替金利指標の選好

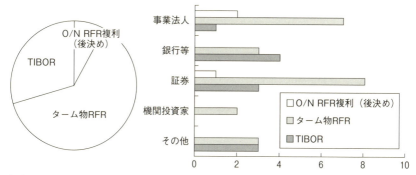

(注)　ターム物RFRは、「ターム物RFR金利（スワップ）」と「ターム物RFR金利（先物）」の合計を表す。
(出所)　日本円金利指標に関する検討委員会公表資料[23]より筆者作成。

第4節　代替金利指標としてのターム物RFRの課題と利用制限

　現在、グローバルにみて、ターム物RFRは、日本円だけではなく、英ポンドや米ドルなどでも正式に構築されている。ただし、ターム物RFRの利用範囲に関する議論については、英国、米国、日本でやや異なる展開をみせてきた。具体的には、英国は、ターム物RFRの利用に最も保守的であり、ターム物SONIA[24]（英ポンドにおけるターム物RFR）の構築段階から現在に至るまで一貫している。この背景には、ターム物RFRの裏付け市場の流動性が、O/N RFR後決め複利と比べて小さく、LIBOR同様の欠陥を抱えてい

23　日本円金利指標に関する検討委員会「『日本円金利指標の適切な選択と利用等に関する市中協議』取りまとめ報告書」（2019年11月29日）6頁。
24　SONIAとは、ポンド翌日物平均金利（Sterling Overnight Index Average）の略称。英ポンドにおけるRFRであり、イングランド銀行が算出・公表している。

るとの見解がある。このため、O/N RFR後決め複利が代替金利指標の中心であり、ターム物RFRはあくまでも補完的に用いるとの立場を採っている。この点、マルチプル・レート・アプローチ型との対比で、シングル・レート・アプローチ型の対応を採用している。一方、米国では、当初は英国同様に、ターム物SOFR[25]（米ドルにおけるターム物RFR）の利用を最低限にとどめるべきとの見解が主流であった。しかしながら、LIBOR同様の前決め金利を求める声が市場で徐々に大きくなった結果、2021年7月には、米国の金利指標検討委員会（以下「ARRC」という）がターム物SOFRを正式に推奨するなど、O/N RFR後決め複利を中心とする当初のシングル・レート・アプローチ型の対応からやや方針転換を図った印象を受ける[26]。他方で、日本は、英国及び初期の米国と異なり、マルチプル・レート・アプローチの考え方を採用しつつ、少なくともキャッシュ商品では、ターム物RFR（日本円ではTORF）を代替金利指標の中心に位置付けて当初より対応を進めてきた。

　こうした大きな方向性の違いを意識しつつ、本節では、はじめに英国及び米国における、ターム物RFRの利用範囲に関する方針を検討する。次に、ターム物RFRの利用範囲を一定程度制限することの必要性について、3つの観点から指摘する。

(1)　英国における利用制限

　英国では、2020年1月、英国の金利指標検討委員会（以下「RFRWG」という）が、O/N RFR後決め複利とターム物RFRの利用に関する「ユースケース（Use Cases）[27]」を発表した。このなかで、デリバティブ、債券、

---

[25]　SOFRとは、担保付翌日物調達金利（Secured Overnight Financing Rate）の略称。米ドルにおけるRFRであり、ニューヨーク連邦準備銀行が算出・公表している。

[26]　ARRC, "Update on Upcoming Formal Recommendation of Term SOFR," July 26, 2021.

[27]　RFRWG, "Use Cases of Benchmark Rates: Compounded in Arrears, Term Rate and Further Alternatives," January 2020.

48　第1部　リスク・フリー・レート（RFR）への移行

ホールセール貸出（相対貸出、シンジケート・ローン）においては、O/N RFR後決め複利が市場標準になるべきであり、キャッシュ商品でのターム物RFRの利用は、LIBORに比べて限定されるべきであるとの方針を示した。

O/N RFR後決め複利がLIBOR公表停止後の代替金利指標として望ましい理由として、ユースケースでは4点指摘されている。すなわち、①ターム物RFRよりも、O/N RFR後決め複利の方が、裏付け市場の流動性の厚みの観点から頑健であること、②デリバティブ市場で使用される金利指標と同じ金利指標をキャッシュ商品にも用いることで、当該金融商品のヘッジ取引の際に、取引コスト面などで効率的・効果的にヘッジ可能であること、③O/N RFR後決め複利はデリバティブ、債券、証券化商品などで市場横断的に利用されるので、利用者にとって、一貫性があり、信頼性の高い借入コストの利用が可能であること、④ターム物RFRが全通貨で構築されるわけではない反面、O/N RFR後決め複利は、RFRが利用可能な通貨であれば全通貨で利用可能であること、を指摘している[28]。

更には、具体的な金融商品や利用者の分類をもとに、O/N RFR後決め複利とターム物RFRの利用場面を提示している。金融商品別にみると、デリバティブ及び債券については、例外なく、O/N RFR後決め複利の利用が妥当であると整理している。貸出については、ターム物RFRの利用による便益も想定されるとしているものの、貸出市場の90%（金額ベース）ではO/N RFR後決め複利の利用が適切であり、ターム物RFRの利用が適切な範囲は貸出市場の10%にとどまり、一部の金融商品（リテール取引、貿易金融、イスラム金融等）や利用者（売上2,500万ポンド未満の法人等）に限られると整理した[29]。

RFRWGのこうした方針に全面的に沿う形で、2021年7月、英国の業界団体であるFMSB[30]は、ターム物RFRの利用規範を公表した[31]。このなかで、FMSBは、ターム物RFRが適切な利用範囲を超えて広範に利用された場合に

28　*Id.*, p.6.
29　*Id.*, p.9.

第3章　金融取引におけるターム物リスク・フリー・レートの使用に関する検討　49

は、金融市場や金利指標の頑健性の面で懸念が生じるとし、ターム物RFR
の利用範囲を制限する理由を3つの観点から指摘した[32]。

① OIS市場の流動性向上の観点

ターム物RFRは、デリバティブ市場（OIS市場）を価値の裏付け市場とし
ているため、その頑健性は、裏付けとなる金利スワップ市場の流動性に依存
することとなる。金利スワップ市場が、無担保コール翌日物市場と同様の規
模でない限り、ターム物RFRは、O/N RFR後決め複利と同様の頑健性とは
ならない。

② OISでのヘッジニーズを損なわない観点

ターム物RFR参照キャッシュ商品が増加すると、結果的に、O/N RFR後
決め複利参照キャッシュ商品の増加を妨げることとなる。この点、O/N
RFR後決め複利参照キャッシュ商品のヘッジニーズがある場合には、金利
スワップ市場でOIS取引を増加させることにつながる。これは、OIS取引に
おける変動金利レグでは、O/N RFR後決め複利が参照されるためである。
一方で、ターム物RFR参照キャッシュ商品の場合には、そのヘッジニーズ
を満たすためにOIS取引が実行されるとは限らないため、結果的に、OIS市
場の流動性の向上を妨げる可能性がある。

③ 金融機関の利益相反の観点

金融機関がOIS取引及びターム物RFR参照貸出を同時に実行するケースな
どで、利益相反が発生する可能性がある。すなわち、ターム物RFRは金利
スワップ市場に基づいて構築されているところ、金融機関が、ターム物
RFR参照の金融商品（貸出等）を提供すると同時に、OISディーラーとして
ターム物RFRのレート形成に関与することに利益相反のおそれがある。こ
うした潜在的な利益相反の存在によって、金融機関が、OIS取引における実

30　FICC市場基準審議会。Fixed Income, Currencies and Commodities Markets Stan-
　　dards Boardの略称。
31　FMSB, "Standard on Use of Term SONIA Reference Rates," July 28, 2021.
32　*Id.*, pp.3-4.

50　第1部　リスク・フリー・レート（RFR）への移行

行可能な気配値を呈示する意欲を阻害され、結果的に、ターム物RFRの頑健性が損なわれる可能性がある。

　以上の３つの観点も踏まえ、FMSBは、ターム物RFRの利用にかかる利用原則（全８項目）を提示した。例えば、銀行やディーラーは、ターム物RFR参照の金融商品を顧客に提供する場合には、当該顧客に対して、ターム物RFRの利用に起因するリスク情報を包括的に提供することなどを求める内容となっている。FMSBのこうした対応に対して、RFRWG、イングランド銀行（BOE）、FCAの三者が連名で、FMSBを支持するステートメントを発出している[33]。このように、英国では、市場参加者と英国金融当局（BOE、FCA）との間で、ターム物RFRの利用範囲を制限するべきとの認識を共有し、法的拘束力はないものの、金融市場における事実上の規範として成立している。実際、BOEは、英ポンドLIBOR公表停止直後の2022年１月のRFRWG会合において、SONIA後決め複利ベースで金融市場が形成され、既に円滑に機能していることを報告している[34]。

(2)　米国における利用制限

　英国と同様に、ARRCでも、2021年７月、ターム物RFRの利用範囲に関する「ベストプラクティス[35]」を示し、一定の制限を設けるべきとの方針を示した。ARRCは、ターム物RFRの使用を、裏付けとなるデリバティブ市場の厚みに比例させるべきであるとし、ターム物SOFRの価値を基礎付けるSOFR連動デリバティブの取引量を損なうべきではないと指摘した。より具体的な方針としては、ターム物RFRの利用が適する金融商品・取引として、①貸出の一部（ミドル・マーケット・ローン、貿易金融等）、②ターム物

---

[33]　RFRWG, FCA, and BOE, "The Bank, the FCA and the Working Group Welcome the Publication of the FMSB's Transparency Draft of its Market Standard on Use of Term SONIA Reference Rates," March 2021.

[34]　RFRWG, "Minutes of the Working Group on Sterling Risk-Free Reference Rates - January 2022," March 9, 2022.

[35]　ARRC, "ARRC Best Practice Recommendations Related to Scope of Use of the Term Rate," July 21, 2021.

第3章　金融取引におけるターム物リスク・フリー・レートの使用に関する検討　51

RFRを参照する金融資産を原資産とする証券化商品、③ターム物RFRを参照するキャッシュ商品のヘッジ目的でのエンドユーザー向けのデリバティブ取引、の３点を示した[36]。他方で、デリバティブ取引については、ターム物RFR参照キャッシュ商品のヘッジ目的での取引を除けば、全ての取引でO/N RFR後決め複利が適切であると指摘した。

(3)　ターム物RFRの利用制限の背景

　本節の最後に、ターム物RFRの利用を制限する必要性を簡単にまとめたい。主には、FMSBの指摘に集約されるが、３つの理由が挙げられる。まず、最も大きな理由として、①ターム物RFRの裏付け市場となるデリバティブ市場の流動性を向上させる目的である。直接的には、デリバティブ市場でのターム物RFRの利用を制限し、O/N RFR後決め複利参照商品を増加させることによって、ターム物RFRの頑健性向上につながるメカニズムがある。次に、②キャッシュ商品でのターム物RFRの利用を制限し、O/N RFR後決め複利参照キャッシュ商品を増加させることができれば、当該キャッシュ商品のヘッジニーズを満たすためにOIS取引等を実行することになるため、この経路でもターム物RFRの頑健性が向上していくことになる。最後に、③利益相反の観点であり、金融機関として、ターム物RFR参照の金融商品（貸出等）を提供すると同時に、OISディーラーとしてターム物RFRのレート形成に関与する場合等には、利益相反が発生し得ることに対する懸念である。こうした３つの観点から、英国及び米国では、ターム物RFRの利用範囲に制限をかけている。

36　米国の業界団体であるLSTAは、法人向け貸出・エンドユーザー向けのヘッジ取引・ローン担保証券がターム物RFRの利用範囲に含まれたことを歓迎するステートメントを発出している。詳細は、LSTA, "LSTA Applauds ARRC Decision on Business Loans and CLOs," July 21, 2021を参照。

第5節 | ターム物RFRの適切な利用に向けた日本の対応

　第4節では、英米におけるターム物RFRの利用制限の背景について、3つの観点から整理した。この点、日本でも同様の問題意識を持って対応していく必要があり、本節では、ターム物RFRの適切な利用に向けた日本における取組みを整理していく。

(1) OIS市場の活性化

　検討委員会によるOIS市場の活性化に向けた取組みとして、3点指摘する。

　第1に、2021年3月26日、検討委員会は、「円金利スワップ市場におけるLIBOR公表停止への対応」（以下「基本原則ステートメント」という）を公表した。具体的には、①遅くとも2021年9月末までに円LIBOR参照の金利スワップの新規取引を停止すること、②円金利スワップ市場において取引の中心となるべき代替金利指標はTONAであること、③遅くとも2021年7月末までに円金利スワップ市場における気配値呈示を円LIBORベースからTONAベースに移行すること、の3つの方針を打ち出した。このうち、方針②、方針③で示されたTONAベースでの取引とは、すなわち、OIS取引であり、ポストLIBORの金利スワップ市場では、OIS取引を中心とするべきとの方針が明確化されたことが確認できる。

　第2に、2021年7月26日、基本原則ステートメントの方針③の具体化を企図して、検討委員会は、「円金利スワップ市場における気配値呈示の移行対応（TONA First[37]）について」を公表した。具体的には、インターバンクのボイス・ブローカー市場において、2021年7月30日の取引終了をもって、円LIBORを参照する金利スワップ（線形デリバティブ商品）の気配値呈示を一斉に停止することを市場参加者に求める内容であった。

37　流動性供給者による（ブローカー経由の場合を含む）気配値呈示を、円LIBORベースからTONAベースに移行することを指す。

第3章　金融取引におけるターム物リスク・フリー・レートの使用に関する検討　53

第3に、2021年9月28日、基本原則ステートメントの方針①の具体化を企図して、検討委員会は、「円LIBOR参照金利スワップの新規取引停止等について」を公表した。具体的には、(a)2021年9月末に新規取引が停止される「円LIBOR参照の金利スワップ」には、線形デリバティブ商品だけではなく、非線形デリバティブ商品も含むこと、(b)インターバンクのボイス・ブローカー市場において、2021年9月30日の取引終了をもって、円LIBORを参照する金利スワップ（非線形デリバティブ商品）の気配値呈示（執行機能を含む）を原則として一斉に停止することなどを市場参加者に求める内容であった。

このほか、OIS市場の流動性向上に寄与した取組みとして、清算機関である日本証券クリアリング機構（JSCC）による対応が挙げられる[38]。JSCCでは、2021年12月3日の業務終了時点で残存していた円LIBOR参照取引[39]を、OIS取引へと一括して変換する対応を行った。

(2) TONA複利関連指標の公表

OIS市場の活性化に対して、前項のように直接的に寄与する取組みのほか、間接的に寄与する取組みもある。OIS取引は、O/N RFR後決め複利参照キャッシュ商品のヘッジ手段としての利用が想定されるため、O/N RFR後決め複利参照キャッシュ商品を増加させることが、ヘッジニーズの拡大を通じて、OIS市場の活性化へとつながっていく[40]。

こうした観点から、TORFの算出・公表主体であるQBS社の親会社であるQUICK社は、2021年3月15日より、「TONA Averages」「TONA Index」の公表を開始した。「TONA Averages」とは、指標の基準日（各営業日）から遡って30日前、90日前、180日前までの期間について、それぞれTONA

38　JSCC「日本証券クリアリング機構における最近の取組み」（2022年2月2日）3頁。
39　ただし、変動金利の支払額がすべて確定している取引は除く。
40　日本円金利指標に関する検討委員会「『日本円金利指標の適切な選択と利用等に関する市中協議（第2回）』取りまとめ報告書」（2020年11月30日）6頁。

54　第1部　リスク・フリー・レート（RFR）への移行

を日次複利計算した金利指標である。また、「TONA Index」とは、2017年6月14日[41]に100単位だった資産をTONAで運用した場合の基準日の資産評価額の金利指標である。O/N RFR後決め複利を利用する場合には、LIBORなどと比べて利息計算が複雑になる点が課題として指摘されるが、TONA AveragesやTONA Indexといった指標を活用すれば、TONAを任意の期間で複利計算した金利を比較的容易に利用できる。TONA複利関連指標を参照したキャッシュ商品の増加が、間接的に、OIS取引の増加に寄与していくことが予想される[42]。

(3) ガバナンス体制の整備

上記(1)、(2)の取組みは、指標の算出に利用する取引データの増加を企図したものであったが、指標の算出にかかるガバナンス体制自体の整備という観点でも対応が進められてきた。まず、QBS社が算出・公表するTORFは、金融商品取引法上の「特定金融指標」として指定されている（同法2条40項）。特定金融指標とは、金融指標（同法2条25項）であって、当該金融指標にかかるデリバティブ取引又は有価証券の取引の態様に照らして、その信頼性が低下することにより、我が国の資本市場に重大な影響を及ぼすおそれがあるものとして内閣総理大臣が定めるものをいう。同時に、QBS社は、「特定金融指標算出者」としての指定を受けている（同法156条の85）。この結果、QBS社によるTORFの算出・公表業務は、金融庁の適切な監督下に置かれている。

更に、QBS社は、同法156条の87の規定に従って、特定金融指標算出業務に関する業務規程を定めており、レポーティング・ブローカーがレート報告に関して遵守すべき事項や必要な態勢整備等を規定するために、「TORF行動規範」や「TORF利益相反管理方針」といった諸規程を定めている。こう

41　日本銀行の「無担保コールO/N物レート行動規範」制定日。
42　TONA複利参照キャッシュ商品としては、三菱商事が、2021年9月にTONA複利参照の劣後債（1,300億円）を発行したことが市場で注目を集めた。

した諸対応の実施によって、適切なレート報告のための頑健なガバナンス体制の整備を図っている。

第6節 | 残存する課題

　このように、日本では、キャッシュ商品（貸出・債券）におけるターム物RFRの利用に特段の利用制限を設けない一方で、インターバンクでの円金利スワップ市場ではTONAを中心的な金利指標とする方向で対応が進められた。こうした対応は、OIS市場の流動性を向上させて、TORFの頑健性向上に寄与すると考えられる一方、そのトレードオフとして生じる課題が残されている。本節では、金融取引におけるTORFの利用にかかる残存課題として、主に金融機関サイドが保有する可能性のある、(1)ベーシス・リスク、及び(2)カウンターパーティー・リスクの2点を指摘していく。

(1) ベーシス・リスク

　金融機関からみた顧客サイド（貸出の借り手や債券の発行体）が、TORFを参照金利として資金調達を行う場合を想定する。この場合に、当該資金調達にかかるベーシス・リスクのヘッジのために金融機関が提供する金利スワップ取引において参照する金利としては、①ターム物RFRを想定する金融機関が最も多く、次いで、②O/N RFR後決め複利を想定する金融機関が多いことを検討委員会が指摘している[43]。また、ターム物RFRスワップを顧客に提供する際に想定するインターバンク市場でのカバー取引として、ターム物RFRスワップを選好する金融機関が多い状況であった[44]。これは、OIS取引等のTORFスワップ取引以外でカバー取引を実行する場合には、金融機

---

[43] 日本円金利指標に関する検討委員会「ターム物金利構築に関するサブグループからの報告内容」（2020年7月16日）1頁。
[44] 同上、1頁。

56　第1部　リスク・フリー・レート（RFR）への移行

関にベーシス・リスクが発生するためである。しかしながら、現状、インターバンクの円金利スワップ市場は、検討委員会による「TONA First」の方針に沿って、OIS取引を中心に構成されている。この点、検討委員会の方針としては、TORF等の金利指標を利用するニーズも存在するため、取引の目的に応じて、それらを利用することを必ずしも妨げるものではないことを明示しているものの[45]、現状、TORFスワップがJSCC等の清算集中の対象外となっていることもあって（本節(2)で後述）、事実上、カバー取引としてOIS取引を選択せざるを得ない状況にある。

　こうした状況を前提とした場合に、金融機関がベーシス・リスクを解消するためには、「TORF／TONA後決め複利」の金利スワップを別途実行する必要が生じると考えられるが、この場合の課題として、インターバンク市場における取引ポジションが、「TORFの受け・TONA後決め複利の払い」の一方向に偏る可能性があり、結果として、金融機関のヘッジコストの増加につながり得る（図表3－7）。

図表3－7　円金利スワップ市場におけるヘッジ戦略

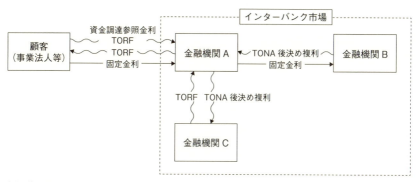

（出所）　筆者作成。

　これは、そもそも、「TORF／TONA後決め複利」の金利スワップは、TORFスワップの固定払いポジションを必要とする本邦事業法人や機関投資

---

[45] 日本円金利指標に関する検討委員会「ターム物金利構築に関するサブグループからの報告内容」（2021年3月26日）3頁。

家等のニーズに主導されると考えられるためである。この点、コロナ禍以前（2013年4月～2019年12月の月次平均）の各業態の平均的なネットポジション[46]を用いて、金利スワップ市場における業態間での取引ポジション構造を概観すると、固定金利の支払超幅が最大の業態は事業法人、固定金利の受け超幅が最大である業態は外国銀行・外国証券会社となっており、市場全体では、事業法人の固定払いニーズを、外国銀行・外国証券会社が引き受ける形となっている。また、各業態間の取引関係からその過程を仔細にみると、事業法人の固定払いニーズは大手行等が引き受けた後、直接又は本邦証券会社を経由して、外国銀行・外国証券会社へと移転されている[47]。すなわち、事業法人の金利上昇リスクのヘッジニーズを、最終的には、外国銀行・外国証券会社が引き受けている。こうした市場構造を踏まえると、事業法人等のTORFスワップの固定払いニーズに関しても、最終的には、外国銀行・外国証券会社や、その先の海外投資家による引き受けとなる可能性がある。

こうした、取引ポジションの偏在の可能性や従前からの金利スワップ市場の構造を前提に需給を考えると、「TORF／TONA後決め複利」スワップでは、全体としてみれば、本邦金融機関が「参照金利＋正のスプレッド」を支払う必要が生じる可能性がある。

(2) カウンターパーティー・リスク

インターバンク市場の金利スワップでは、OIS取引を流動性の中心とする方針もあって、現状では、TORFスワップは、JSCC等の清算集中の対象ではない。したがって、仮にTORFスワップを実行する場合には、取引当事者は、カウンターパーティー・リスクを保有し得る。このため、金融機関からは、「CCP（清算機関）によるTORFスワップの集中清算を希望」との意

---

[46] 固定受けの新規取引高から固定払いの新規取引高を差し引いた金額。

[47] 詳細は、井上紫織、三木翔太、源間康史「店頭デリバティブ取引データからみた円金利スワップ市場─新型コロナウイルス感染症拡大の影響─」『日銀レビュー』2021-J-7、3頁を参照。

見[48]も出されているが、難しい課題が残されている。これは、TORFスワップを清算集中の対象とするにはTORFスワップの一定の流動性が必要である一方で、TORFの頑健性向上のためにはTORFスワップの流動性を意図的に抑制する必要があることが背景にある。すなわち、TORFスワップの流動性を向上させるには、CCPによる清算集中の対象に追加することが望ましい反面、清算集中の対象とするためには、TORFスワップの一定程度の流動性が事前に必要であるという、いわば「鶏が先か、卵が先か」の問題がある。

そもそも、CCPによる債務負担の意義とは、取引当事者間において発生した債権・債務をCCPが取得し、債権・債務の当事者として決済を保証することで、個々の取引当事者が原始取引相手方の信用リスクを意識することなく取引を行える点にある。そして、取引参加者（清算参加者）が破綻した場合には、市場を通じた取引やオークション等を行うことで、引受債務（あるいは債権）を処理することとなる（図表3-8）。このため、CCP自身のリスク管理上、清算参加者の破綻発生時には、CCPが保有しているポジションを市場等で円滑に処理できることが必要不可欠であるため、清算集中の対象取引とするには、一定程度の市場流動性が求められることとなる。このため、インターバンク市場でTORFスワップの流動性向上に実質的な制限がかかっている現状では、TORFスワップの流動性向上は見通し難く、清算集中の対象とするには課題が残る。その一方で、TORFスワップの流動性向上を図ると、そのトレードオフとしてTORF算出の裏付け取引となるOIS取引が減少するおそれがあり、結果的に、TORFの頑健性が低下し得るというジレンマがある。

---

[48] 日本円金利指標に関する検討委員会・前掲注45・5頁。

図表 3 − 8　CCPによる破綻処理イメージ

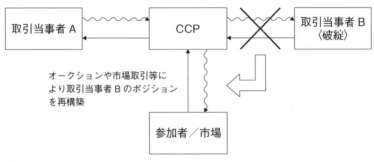

(出所)　筆者作成。

第7節 おわりに

　本章では、LIBOR不正操作問題を契機とした近年の金利指標改革の経緯を振り返るとともに、LIBOR公表停止後の代替金利指標として、O/N RFR後決め複利とターム物RFRについて整理した。もっとも、両指標の使い分けに関しては、引き続き論点が残されている。特に、ポストLIBORの世界を見据えて構築されたターム物RFRを金融市場で広範に使用していくには、金利指標としての頑健性の確保と、金融機関のリスク管理への配慮というトレードオフの生じ得る課題を解決していく必要がある。私見では、特に貸出市場においてターム物RFRの利用が徐々に拡大していく可能性を念頭に置くと、インターバンク市場におけるターム物RFRスワップに関して、CCPによる清算集中の対象とすることへのニーズが今後一層高まるものと予想する。その結果として、OIS取引とターム物RFRスワップを金融市場で共存させることも想定されるが、一方で、本章で指摘した、ターム物RFRの算出メカニズムに紐付く課題をクリアする必要があるため、今後、ターム物RFRにかかる取引データが蓄積されるのを待ちつつ、OIS市場の流動性とターム物RFRのレート形成の関係性等について、より一層研究を深めてい

く余地があると考える。また、頑健な金利指標を構築し、ひいては、金融システムの安定性・健全性を高めていくためには、こうした学術的な研究に加えて、実務的な観点からも、金融当局と市場参加者が一体となって、適切な制度設計について引き続き議論を深めていく必要があるように思われる。

第4章

デリバティブ取引における
ターム物RFRの利用規範
に関する日米比較
──ターム物RFR参照キャッシュ商品の
ヘッジ取引の観点から

第1節 はじめに

　LIBOR公表停止に伴う一連の金利指標改革によって、参照金利の選択・利用にかかる金融実務は大きな変革期を迎えている。本章では、ターム物RFRの利用規範に焦点を当てる。具体的には、ディーラー間市場におけるターム物RFR参照デリバティブの利用制限について、ターム物RFRの算出メカニズムとの関係性から、その妥当性や課題について考察する。そして、金利指標改革に伴う主要な残存課題の1つである、ヘッジ会計実務に対する更なる検討の一助とすることを目的とする。すなわち、ターム物RFR参照キャッシュ商品に対するヘッジ取引の有効性判定といった論点を検討するにあたり、もとより、日米の規制枠組み上で認容されているデリバティブ取引の類型を正確に把握することが不可欠である。この点は、何ら制限なく取引可能であったLIBOR参照デリバティブと決定的に相違する。また、金融機関のコンダクトリスクを低減する観点でも、近時の規制枠組みに対する理解は必須であろう。

　本章では、まず、ターム物RFRの概要を整理したうえで（第2節）、米国におけるターム物RFRの利用規範を確認し、米国市場の状況を考察する（第3節）。そして、米国との比較の観点から、日本におけるターム物RFRの利

62　第1部　リスク・フリー・レート（RFR）への移行

用にかかる規範を確認し、残存する課題について考察を加える（第4節）。
最後はまとめとする（第5節）。

第2節 ┃ ターム物RFRの概要

(1) RFRに基づくターム物金利

　ポストLIBOR時代における国際金融市場では、RFRの利用が基本とされ
ている。LIBORの不正操作問題が、裏付け市場の流動性の低さに起因した
点を踏まえ、金利指標の頑健性の観点から、十分な実取引に裏付けられてい
るRFRの利用が望ましいと整理された。この点、米国のSOFR、日本の
TONA、あるいは英国のSONIAなど、各法域でRFRとして特定された金利
指標はいずれも翌日物金利であるため、金利の期間構造を持たない。した
がって、3か月物や6か月物といった金融商品の参照金利としてRFRを利
用する場合には、期間構造を持ったRFRベースのターム物金利が必要にな
る。この選択肢として、①RFR前決め複利、②RFR後決め複利、③ターム
物RFRの3つの指標が想定される[1]（図表4－1）。

1　検討委員会「日本円金利指標の適切な選択と利用等に関する市中協議」（2019年7月
　2日）10～11頁。

図表 4 − 1　主な金利指標の一覧

	RFR前決め複利	RFR後決め複利	ターム物RFR	IBORs
金利指標が依拠するレート	RFR	RFR	OIS and/or RFR金利先物	IBORs
金利決定のタイミング	前決め	後決め	前決め	前決め
金利の参照期間	下図①	下図②	下図③	下図③

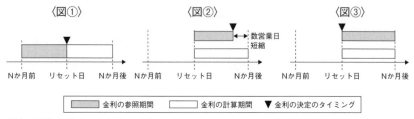

（注）　図①〜③はNか月物のイメージ図。
（出所）　検討委員会資料2より筆者作成。

　まず、①RFR前決め複利とは、金利の適用開始時点までの一定期間のRFRを日次複利で積み上げることで、適用金利を計算する方法である。この際、実際に複利計算を行うための金利の参照期間を、金利の計算期間の1期前とすることで、金利の適用開始時点で予め適用金利が確定する（＝前決め金利）。この場合には、貸出等の開始時点で適用金利が確定するため、最終日（終了時点）まで適用金利が定まらないという不確実性を防ぐ点にメリットがある。しかし、デメリットは、金利の参照期間と計算期間にズレが生じる点である。例えば、貸出（6か月物）開始時点までの1期前のRFRの実績値から適用金利を確定したとしても、過去6か月の実績値をもとにした金利でしかない。つまり、貸出期間の開始後に、RFRが大きく上昇（又は低下）するような経済ショックが発生した場合でも、適用金利は既に確定

2　検討委員会「日本円金利指標の適切な選択と利用等に関する市中協議のポイント」（2019年7月2日）6頁。

済みのため貸出金利には反映されない。RFRが安定的に推移している金融環境であればリスクは限定的であるが、一般論として、金利の参照期間と計算期間のズレに伴うリスクを回避したい場合には、RFR前決め複利は望ましくない。

　次に、②RFR後決め複利とは、金利の適用開始時点から終了時点までのRFRを日次複利で積み上げることで、適用金利を計算する方法である（＝後決め金利）。この点、①RFR前決め複利とは異なり、金利の参照期間と計算期間が概ね一致する点にメリットがある。一方で、実務上のデメリットは、金利の計算期間の最終日（あるいは最終日の数日前）に至るまで、適用金利が確定しない点である。貸出期間の開始時点で適用金利が未確定であることは、LIBORのような前決め金利を基本とした従来の市場慣行とは全く異なる。このため、特に貸出のようなエンドユーザーとの取引には馴染みづらい面がある。

　上記①、②に付随するデメリットを考慮すると、③ターム物RFRに実務上の優位性がある。③ターム物RFRは、デリバティブ市場（OIS市場又はRFR金利先物市場）の取引データを用いて算出するため、先行きの金利見通しが反映されたレートであり、金利の適用開始時点で予め適用金利が確定するほか（＝前決め）、金利の参照期間と計算期間が概ね一致する性質を持つ。より仔細には、OIS及びRFR金利先物のいずれにおいても、変動金利としてRFRの複利計算を参照する。例えば、6か月物のOISレートには、先行き6か月間のRFRの金利観が反映される。市場で観察されるこうした取引データを収集することにより、先行きのRFRの予想パスを反映し、期間構造を有したRFRベースのターム物金利を算出する仕組みである。ただし、②RFR後決め複利が、リセット日（金利計算期間の初日）以降の政策金利の実績パスを事後的に全て反映する一方、OISや金利先物はリセット日時点での政策金利の予想パスしか織り込めない点には留意する必要がある。

(2) 米国におけるターム物RFR

米国のRFRであるSOFR（担保付翌日物調達金利）は、米国のレポ市場に基づく金利である[3]。そして、SOFRのターム物金利として、ターム物SOFRが存在する。米国では、IBA社とCME社がターム物SOFRを各々公表しているが、本章では、米国の金利指標に関する検討体であるARRC推奨[4]の「CME Term SOFR Rates」を対象に論じることとし、単に「ターム物SOFR」と記載する。CME社のターム物SOFRは、SOFR先物の取引データをもとに構築されている。OISの取引データについても、一定の取引量に達した場合には算出データとして取り込む可能性を示唆しているが、現状では利用されていない[5]。

(3) 日本におけるターム物RFR

日本のRFRであるTONA（無担保コール翌日物金利）は、コール市場における無担保での資金貸借のうち、翌営業日を返済日とする取引にかかる金利である。そして、TONAのターム物金利として、QUICKベンチマークス社（以下「QBS社」という）が、OIS市場をベースに、東京ターム物リスク・フリー・レート（TORF）を公表している。TORFの正式リリース当時（2021年4月）は、TONA先物市場が存在していなかったため、OISのみに基づいて算出されているが、現在では、2023年3月に東京金融取引所（TFX）、同5月に日本取引所グループ傘下の大阪取引所（OSE）からTONA先物（いずれも3か月物）が上場されている[6]。TONA先物、OISともに、TONA後決め複利を参照することから、OISで抱えた金利リスクを

3　SOFRの詳細に関しては、例えば、服部孝洋「SOFR（担保付翌日物調達金利）入門 —米国のリスク・フリー・レート及び米国レポ市場について—」『ファイナンス』No.676、28〜37頁を参照。

4　ARRC, "ARRC Formally Recommends Term SOFR," July 29, 2021.

5　CME, "CME Term SOFR Reference Rates Benchmark Methodology," p.15. (https://www.cmegroup.com/market-data/files/cme-term-sofr-reference-rates-benchmark-methodology.pdf)

TONA先物でヘッジすることも可能となる[7]。今後、TONA先物市場とOIS市場が双方向的に拡大し、TORF算出データとしてTONA先物も取り込むことができれば、TORFの頑健性向上に寄与するものと考えられる[8]。この点、QBS社は、TORFの定義や算出方法の変更の条件の1つとして、「本邦日本円OIS市場やその他日本円金利デリバティブ市場において、TORFの定義や算出方法等の変更を要するような構造的な変化があった場合」（TORF業務規程48条1項）と規定する。TONA先物市場の活性化次第では、今後、TORF算出データとして取り込まれる可能性は相応に高いものと思料される。

第3節　ターム物SOFRの利用規範

(1)　初期ベストプラクティス

①　概　要

LIBORベースの従前の実務と親和性の高いターム物RFRであるが、金融市場における広範な利用が奨励されているわけではなく、裏付け市場の流動性の厚みの観点で、RFR複利の利用が基本とされてきた[9]。特に英国がこの方針を徹底している。英国でもターム物RFRとしてターム物SONIAが構築されたが、LIBOR公表停止直後の段階で、英国金融市場ではSONIA後決め複利が既に広く浸透していることが報告されていた[10]。

6　日本経済新聞「新しい短期金利先物が上場　日銀の修正観測が追い風か」（2023年3月16日電子版）。

7　日本取引所グループウェブサイト「TONA 3か月金利先物」（https://www.nikkei.com/article/DGXZQOFL00014_W3A310C2000000/）

8　第3回金利指標フォーラム（2022年12月13日）において、あるブローカーは、「TONA先物と短期OIS取引が結びつき、より効率的で透明性の高い短期金利市場が実現すれば、TORFの頑健性も向上する」との見解を示した。詳細は、金利指標フォーラム「『金利指標フォーラム』第3回議事要旨」を参照。

9　FSB [Financial Stability Board], "Interest Rate Benchmark Reform: Overnight Risk-Free Rates and Term Rates," June 2, 2021, p.1.

ターム物SOFRの利用はあくまでもRFR複利の補完である趣旨を踏まえ、2021年7月、ARRCは、ターム物SOFRの利用規範としてのベストプラクティス（以下「初期BP」という）を公表した[11]。端的には、ターム物SOFRの利用に一定の制限を設ける取扱いとした。SOFR後決め複利の利用を基本としたうえで、ターム物SOFRの利用が適する金融商品・取引類型として、(a)一部の貸出商品、(b)ターム物SOFR参照商品を原資産とする証券化商品、(c)ターム物SOFR参照商品のヘッジ目的でのエンドユーザー向けのデリバティブ取引、の3つを列挙した。他方で、デリバティブ取引については、上記(c)を除けば、全ての取引でSOFR後決め複利が適切であると結論付けた。

　この初期BPに沿い、貸出商品においてターム物SOFRの利用が拡大していると指摘される[12]。その結果、ターム物SOFR参照貸出を受けた顧客（借り手）には、ターム物SOFRのヘッジニーズが発生する。銀行は、顧客のこうしたニーズを満たすために、ターム物SOFRスワップ（銀行が固定金利の受けサイド）を提供する。このケースで、一例として、銀行がディーラー間市場で同様にターム物SOFRスワップ（銀行が固定金利の払いサイド）を実行すれば、銀行サイドでもターム物SOFRの変動リスクのヘッジが可能となる。しかしながら、初期BPにおける最大のポイントは、ディーラー間市場におけるターム物SOFR参照デリバティブ（スワップ、ベーシス・スワップ等）が禁止されている点である。以前のLIBOR時代であれば、ディーラー間市場でLIBORスワップを実行することでリスクヘッジが可能であったことから、銀行のヘッジ行動・戦略に大きな変化が生じている。

10　RFRWG [Working Group on Sterling Risk-Free Reference Rates], "Minutes of the Working Group on Sterling Risk-Free Reference Rates - January 2022," March 9, 2022 を参照。

11　ARRC, "ARRC Best Practice Recommendations Related to Scope of Use of the Term Rate," July 21, 2021を参照。

12　FSOC [Financial Stability Oversight Council] は、企業向け貸出の大部分で、ターム物SOFRが利用されていると指摘する。詳細は、FSOC, "FSOC 2023 Annual Report," p.85を参照。また、Feiは、特にアジア圏でターム物SOFRが積極的に利用されていると指摘する。Fei, A., "Term SOFR Derivatives: the ARRC's Latest Usage Guidelines," International Financial Law Review, June 22, 2023.

68　第1部　リスク・フリー・レート（RFR）への移行

② ディーラー間市場におけるターム物SOFR参照デリバティブ禁止の背景

　上記禁止措置のもとで、銀行（ディーラー）は、顧客に提供したターム物SOFRスワップのカバー取引として、SOFR後決め複利を参照したデリバティブ（SOFR先物、OIS）でヘッジすることとなる。この結果、ターム物SOFRの算出元データである、SOFR後決め複利参照デリバティブの件数が増加し、ターム物RFRの指標としての頑健性が維持・向上するメカニズムが働く。ただし、ターム物SOFRとSOFR後決め複利は完全に一致するものではないため、銀行はベーシス・リスクを保有することになる（詳細次項）。例えば、ディーラー間市場でターム物SOFRスワップが解禁されている場合、銀行は、ベーシス・リスクを回避する観点から、SOFR後決め複利デリバティブではなく、ターム物SOFRスワップで直接的にヘッジすることが可能になる。一見、効率的な市場形成の観点で望ましいようにみえるが、SOFR後決め複利からターム物SOFR参照デリバティブへの置換が進むほど、ターム物SOFRの算出元データが減少し、指標としての頑健性が低下するという反比例的な関係性にある。この場合には、LIBOR同様の「逆ピラミッド問題」、すなわち、僅少な実取引に基づく金利指標が、膨大な件数・金額の金融商品で利用されるという構造的な欠陥に再び直面する可能性がある[13]。こうした背景から、ARRCは、上記禁止措置を取ることで、ターム物SOFRの頑健性の確保を企図しているのである。

　なお、従前のLIBOR時代にはこうした禁止措置は不要であった。パネル行の呈示レートに基づくLIBORの場合には、デリバティブ取引のデータは指標の算出上無関係であったためである。したがって、ターム物SOFR参照デリバティブに関する利用制限は、ポストLIBOR時代に特有の措置であると指摘できる。

---

[13] 逆ピラミッド問題について、例えば、Dudley, W. C., "The Transition to a Robust Reference Rate Regime."（https://www.bis.org/review/r180619a.htm）を参照。

第4章　デリバティブ取引におけるターム物RFRの利用規範に関する日米比較　69

(2) 改訂版ベストプラクティス

　ターム物SOFRの頑健性の維持・向上の観点では、上記禁止措置の妥当性が見出されるものの、問題点の１つは、銀行（ディーラー）がベーシス・リスクを抱える点である。銀行から顧客（資金の借り手）に対してターム物SOFRスワップを提供することが多いため、銀行全体でみると、ターム物SOFRスワップの固定金利の受けサイドにポジションが偏ることとなる。ポジションの偏在に起因するヘッジコストは、最終的に、顧客に転嫁せざるを得ない部分が生じるほか、銀行のリスクリミットに抵触する可能性も懸念される。このため、金融システムの安定性の観点から、上記禁止措置の見直しを求める意見が米国市場で主張されていた。

　もっとも、ARRCや米国金融当局としては、ポジションの偏在を解消する必要性を認識しつつも、ターム物SOFRの算出メカニズムを踏まえると、禁止措置の緩和は容易ではなかった。このため、FRBのBowman理事は、2023年３月の公開会合において、「デリバティブにおけるターム物SOFRの利用制限は永久的（permanent）である」として市場を牽制していた[14]。

　しかしながら、2023年４月、ARRCは、初期BPを改訂し（以下「改訂版BP」という）[15]、ディーラー間市場におけるターム物SOFR参照デリバティブの利用制限を緩和した[16]。Bowman理事の上記発言等を踏まえれば、ARRCや米国金融当局は強硬な姿勢を貫くと思われていたところ、やや唐突な方針転換であったとの印象を受ける。ARRCは方針転換の契機について特に言及していないが、私見では、2023年３月のシリコンバレーバンク（SVB）の破綻が影響したものと思料する。SVBの破綻の詳細に本稿では立

---

[14]　Goyder, B., "Strict Term SOFR Trading Rules 'Permanent', Says Fed's Bowman," Risk.net, March 9, 2023を参照。

[15]　ARRC, "Summary and Update of the ARRC's Term SOFR Scope of Use Best Practice Recommendations," April 21, 2023.

[16]　なお、キャッシュ商品におけるターム物SOFRの利用範囲は、初期BPから変更されていない。

ち入らないが、金利リスク管理の失敗が破綻原因の1つとされている[17]。SVB個社の経営上の失敗という側面が強いものの、一般論として、銀行による金利リスクの適切な管理の重要性が再認識された事象であったと思われる。こうした背景から、初期BPに伴う銀行の金利リスク（ベーシス・リスク）を一定程度解消するために、ARRCや金融当局が態度を軟化させたのではないかと推測する。

　ここで、改訂版BPを仔細に確認すると、引き続き、ディーラー間市場でのターム物SOFR参照デリバティブは禁止されている。しかしながら、従来から許容されていた、キャッシュ商品のヘッジ目的でのデリバティブ取引に加えて、ディーラーとノンディーラー（ヘッジファンド、アセットマネジメント、年金基金等）間のターム物 SOFR／SOFRベーシス・スワップが新たに許容された。そして、当該ノンディーラーは、ターム物SOFR参照キャッシュ商品にかかるエクスポージャーの「直接的な当事者（direct party）」でなくともよいと整理された。この点、初期BPでは、ターム物SOFR参照デリバティブの締結相手は、直接的な当事者に限定されていた。この緩和措置の結果、BPの改訂以前と比べて、銀行は、バイサイド（ノンディーラー）との取引によってベーシス・リスクを低減させることが可能となった（図表4－2）。もっとも、ディーラー間市場におけるターム物SOFR参照デリバティブが全面的に解禁されたわけではなく、バイサイドの取引ニーズにも制約があることを踏まえると、ポジションの偏在が完全に解消されるわけではない点には留意する必要がある[18]。

---

[17]　FRB, "Review of the Federal Reserve's Supervision and Regulation of Silicon Valley Bank," April 28, 2023は、SVBの破綻について詳細に分析している。金利リスク管理については、例えば、pp.60-66参照。

[18]　なお、ディーラー間市場が存在しないため、ターム物SOFRデリバティブを、米国会計基準のレベル3資産として分類している金融機関も存在するとみられる。Goyder・前掲注14参照。

第4章　デリバティブ取引におけるターム物RFRの利用規範に関する日米比較　71

図表 4 − 2　米国市場におけるヘッジ取引例

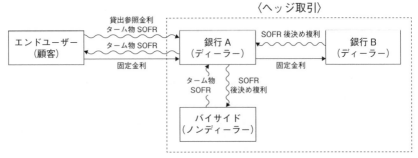

（出所）　筆者作成。

(3)　ARRCによるベストプラクティスの法的拘束力

　ARRCは、民間金融機関を中心とした私的な検討体であるため、その決定に法的拘束力はない。しかしながら、ARRCの事務局はFRBとニューヨーク連銀が務めているほか、公的セクターのメンバーとして、OCC（通貨監督庁）、FDIC（連邦預金保険公社）、SEC（証券取引委員会）、CFTC（商品先物取引委員会）等の金融監督当局が名を連ねる。また、FSOC（金融監督安定評議会）が、ARRCのBPを支持する意向を明確に表明している[19]。このため、ARRCの各種決定・勧告には事実上の拘束力が強く働いており、ターム物SOFRの利用にかかるBPも例外ではなく、金融市場においてソフト・ローとして機能していると評価できる。

　加えて、ARRC推奨のターム物SOFRの運営機関であるCME社のライセンス規約をみると、ターム物SOFRの利用許諾範囲（ターム物SOFRを参照可能な金融商品）に関して、ARRCのBPと同一の範囲が指定されている[20]。この点、FSB（金融安定理事会）が、各法域のターム物RFR運営機関に対し

19　FSOC・前掲注12・p.85.
20　Appendix A to Schedule 7 of the Information License Agreement – CME Term SOFR, 4.3. (https://www.cmegroup.com/market-data/files/information-license-agreement-ila-guide.pdf)

て、各々のライセンス規約で定めるターム物RFRの利用許諾範囲として、金融監督当局や各法域の検討体の勧告に沿ったものとなるよう推奨している影響も強い[21]。この結果、規制枠組みとして、ARRCの決定・勧告自体がソフト・ローとして機能していることに加え、運営機関のライセンス規約上でも同様の利用制限がかかっており、いわば二重の制限がかかっている。

　近年、コンダクトリスクの管理体制に対する金融監督当局の監視は強まっている。本邦金融機関においても、ターム物SOFRを参照した取引時（特にデリバティブ取引時）には、ARRCのBPで許容された取引類型であるか否か、念入りに確認する必要がある。

第4節 │ 日本におけるTORFの利用規範

　ディーラー間市場におけるターム物SOFRの取扱いにかかる論点は、日本の金融市場にもそのまま当てはまる。日本のTORFはOIS市場に基づいて算出されるところ、ディーラー間市場でTORFスワップを全面的に許容する場合には、そのトレードオフとしてOIS取引が減少し、結果的に、TORFの頑健性が損なわれる可能性が高まる。このため、日本も米国と同様の考え方に基づいて、ディーラー間市場におけるTORF参照デリバティブに事実上の利用制限を設けている。

　米国のARRCに相当する、日本円金利指標に関する検討委員会（事務局：日銀）は、2021年3月、円金利スワップにおいて取引の中心となるべき金利指標はTONAであるとの認識を明確に示した[22]。顧客に対するTORFスワップの提供は米国同様に否定されていないものの、ディーラー間市場では

21　FSB, "Progress Report on LIBOR and Other Benchmarks Transition Issues," December 16, 2022, pp.7-8を参照。

22　検討委員会「円金利スワップ市場におけるLIBOR公表停止への対応」（2021年3月26日）。

第4章　デリバティブ取引におけるターム物RFRの利用規範に関する日米比較　73

TORFスワップを事実上禁止し、OISの利用を基本とした。この決定は、検討委員会傘下のターム物金利構築に関するサブグループ（SG）でコンセンサスを得ており、当該SGには、日本の大手銀行、大手証券会社等、市場の主要プレイヤーがメンバーとして名を連ねている。また、検討委員会のオブザーバーには、金融庁のほか、全国銀行協会や日本証券業協会等の自主規制団体が加わっていることから、米国同様、検討委員会の決定・勧告はソフト・ローとして事実上の拘束力を有する。

　日本では、2021年3月以降、TORFの利用範囲に関する見直しはなされていない。この点、米国では、改訂版BPによって、ノンディーラーであるバイサイドとのターム物SOFR／SOFRベーシス・スワップが解禁されたが、日本では、従来から当該類型の取引が禁止されていたようには文言上読み取れない。米国で利用制限が緩和された現在、米国市場との平仄の観点から、日本でも同様に許容されていると考えるのが自然である。なお、TORFの利用にかかるQBS社作成のライセンス契約書（サンプル）をみると[23]、CME社と異なり、少なくともライセンス契約上では、ディーラー間市場においてTORFスワップを禁止する定めを特段置いていない模様である。もっとも、日本における金利指標の規制の枠組み上、検討委員会の趣旨を潜脱した形での利用を許諾する可能性は想定し難い。金融商品取引法上、TORFの運営機関であるQBS社は、特定金融指標の算出者として指定されている（金商法156条の85）。すなわち、金融庁に監督権限があるため、金融庁の意向に反した利用範囲をQBS社がライセンス契約で許容することは非現実的であろう[24]。

　今後、ディーラー間市場におけるTORF参照デリバティブの取扱いは、米国同様に日本でも検討を進めるべき課題である。検討委員会を組織替えする

---

[23]　QBS社ウェブサイト掲載ひな形を参照。（https://corporate.quick.co.jp/wp-content/uploads/kabutocho_sample_07-0-0160-05.pdf）
[24]　金融指標に対する金融商品取引法上の規制の詳細については、例えば、井上聡「金融指標に関する規制」『ジュリスト』1473号、35〜40頁を参照。

形で設立された「金利指標フォーラム」の第4回会合（2023年3月28日）においても、上記の課題が指摘されている。当該会合議事録では、「デリバティブでのターム物RFRの利用に論点がある中、頑健性向上に向けて、まずはOIS市場の流動性向上が期待される」と言及しているが、2022年以降、円金利スワップ市場におけるOISのシェア率はほぼ100％に達している。金利指標フォーラム参加者（計51社）を対象としたアンケート調査によれば、円LIBORの代替金利指標として、貸出でTORFを利用していると回答（複数回答可）した参加者は、50％を超える状況となっている[25]。2023年12月をもって金利指標フォーラムの活動が終了した今となっては、残存課題に対する検討をどのような主体がリードするのか必ずしも判然としないが、金融庁・日銀を中心に、議論を継続することが必須であろう[26]。上記アンケート調査では、日本では貸出以外に債券でもTORFが相応に利用されていることが確認された。このため、TORFの頑健性を維持しつつ、いかにして金融機関の保有するベーシス・リスクの解消を目指していくかは、米国と同様かあるいはそれ以上に重要な論点であるものと思料される。

第5節 おわりに

　本章では、ポストLIBOR時代の主要な金利指標の1つであるターム物RFRについて、米国の動向を中心に分析しつつ、日本の金融市場との比較も試みた。ターム物RFRの算出メカニズムを踏まえれば、ディーラー間市

---

[25]　金利指標フォーラム「『米ドルLIBORの移行対応と円LIBORの代替金利指標の利用に関するアンケート調査』結果概要」（2023年4月3日）。

[26]　なお、金利指標フォーラムに代わる受け皿として、金利指標に関する実務者ネットワーク形式へと移行しているが、活動内容としては、ネットワーク参加者間の情報共有が主として想定されている模様である。詳細は、金利指標フォーラム「金利指標に関する実務者ネットワークの維持について（案）」金利指標フォーラム第6回会合資料（2023年12月）を参照。

場におけるターム物RFR参照デリバティブの利用制限には一定の妥当性が見出されるものの、金融機関の金利リスク管理の観点ではなお課題が残る。ターム物RFRの金利指標としての頑健性の維持・向上と、金融機関のリスク管理との間には一種のトレードオフの関係性があるため、最適な規制枠組みの設計は容易ではないが、蓄積されつつある市場データの分析を進めつつ、引き続き、官民一体となった検討が望まれる。

第 2 部

米国における動向

第2部では、米ドルLIBORの延長後の公表停止期限（2023年6月末）が迫った段階における移行対応の状況について、米国金融市場を中心に論じる。周知のとおり、基軸通貨である米ドルは、LIBOR5通貨のなかでも参照される契約金額の点で最大規模であったため、米国市場の動向や米国金融当局の意向は、グローバルな移行対応に大きな影響を及ぼした。この間、米ドルLIBORの主要テナーについては、当初の公表停止期限（2021年12月末）から、公表が1年半延長されるという大きな方針転換も含まれた。

第5章は、2022年6月の公表論文「米国金融市場におけるLIBORからの移行対応—貸出市場におけるターム物SOFRの利用とスプレッド調整の動向—」をもとに構成している。ここでは、まず、米ドルLIBORの公表が延長されるに至った経緯について、新型コロナウイルス感染症拡大の影響という視角の提示も意識しつつ整理し、考察した。また、延長後の公表期限まで約1年前となった時期における米国金融市場の移行状況についても分析を試みた。

第6章は、2023年2月の公表論文「米ドルLIBOR参照タフレガシーにかかる立法措置と今後の課題—シンセティックLIBORの適用可能性を中心に—」をもとに構成している。ここでは、延長後の停止期限である2023年6月末を控え、その当時大きな関心事であった「タフレガシー問題」について考察した。タフレガシーとは、LIBORから他の金利指標への移行が困難な既存契約を指す。タフレガシーでは、LIBORの公表停止に伴い、契約上の参照金利指標が消失することになるため、法的安定性や金融システム上の安定性を損なう懸念が指摘されていた。本章では、こうした問題への対応として、米国の立法措置について概説するとともに、一連の措置を経てもなお残存した課題について、特にシンセティックLIBOR（市場データを用いて算出する擬似的なLIBOR）の適用可能性の観点から考察を試みた。

第5章

米国金融市場における
LIBORからの移行対応
——貸出市場におけるターム物SOFRの
利用とスプレッド調整の動向

第1節 | はじめに

　2021年末をもって原則として公表が停止されたLIBORであるが、米ドルLIBORの主要テナーについては、2023年6月末まで公表が継続されることとなった（図表5−1）。本章は、2022年6月時点、すなわち延長後の公表停止期限まで残り約1年を迎えた段階における、米国金融市場での移行対応の状況について考察したものである。はじめに、米ドルLIBORの公表が延長されるに至った経緯について、新型コロナウイルス感染症拡大の影響という視角の提示も意識しつつ整理する。次に、移行対応の状況について、米国金融市場を中心に分析を進め、特に貸出市場を念頭に、ターム物SOFRの利用動向と米ドルLIBORからの移行に伴うスプレッド調整にかかる論点について分析する。

図表 5 - 1　LIBOR通貨・テナー別公表停止日（2021年 3 月発表時点）

通貨	テナー（期間）	パネルLIBOR 公表停止日	シンセティックLIBOR 公表開始日	シンセティックLIBOR 公表終了日
ユーロ	全テナー	2021年12月31日	—	
スイスフラン				
日本円	翌日物、 1 週間物、 2 か月物、12か月物		—	
	1 か月物、 3 か月物、 6 か月物		2022年 1 月 4 日	2022年 12月31日
英ポンド	翌日物、 1 週間物、 2 か月物、12か月物		—	
	1 か月物、 3 か月物、 6 か月物		2022年 1 月 4 日	最長2031年 12月31日
米ドル	1 週間物、 2 か月物	2023年 6 月30日	—	
	翌日物、12か月物			
	1 か月物、 3 か月物、 6 か月物		検討中	

（出所）　金融庁・日本銀行公表資料[1]より筆者作成。

第 2 節　米ドルLIBOR公表延長の経緯

(1)　概　　要

　2017年 7 月に、英国金融行為規制機構（FCA）のベイリー長官（当時）が、2021年末をもってLIBOR 5 通貨の公表を停止する意向を強く示唆したことを受けて、2021年末をデッドラインとして、各国で各種対応が進められ

1　金融庁・日本銀行「LIBOR利用状況調査結果概要」（2022年 3 月31日） 1 頁。

80　第 2 部　米国における動向

てきた。しかしながら、2020年11月18日、LIBORの運営機関であるICE Benchmark Administration（IBA）は、米ドル以外の4通貨（英ポンド、ユーロ、スイスフラン、日本円）については、当初計画どおり2021年末での公表停止を前提に市中協議を実施するとした一方、米ドルの取扱いについては、FCA、各国当局、パネル行との間で検討中であるとした[2]。その約2週間後の11月30日、IBAは、米ドルLIBORの1週間物・2か月物は2021年末で停止し、翌日物・1か月物・3か月物・6か月物・12か月物（以下「主要テナー」という）は2023年6月末まで公表を継続する方針を示したうえで、市中協議を実施する意向を表明した[3]。この時点で、米ドルLIBORの主要テナーの公表延長が事実上決定付けられたことになる[4]。

　IBAの発表に対して、米国3当局（連邦準備制度理事会（FRB）、連邦預金保険公社（FDIC）、通貨監督庁（OCC））はステートメントを発出し、主要テナーの公表延長によって、既存契約の大部分がLIBOR公表停止前に満期を迎えられることを指摘した。そのうえで、金融システムの安定を維持する観点から、①2021年12月末以降は、原則として米ドルLIBORを新規契約で利用するべきではないこと、②新規契約では、代替金利指標を利用するか、若しくは、後継金利を明確化した頑健なフォールバック条項を導入するべきことを明示した。英国FCAは、IBAや米国3当局が示したこれらの方針を支持する意向を表明した[5]。

　2020年12月4日、IBAは、事前アナウンスのとおり、①4通貨の全テナー及び米ドルの1週間物・2か月物の公表を2021年12月末で停止すること、②

2　この時点では、2021年12月末以降の米ドルLIBORの公表継続は保障できないことを念押ししていた。IBA, "ICE Benchmark Administration to Consult on Its Intention to Cease the Publication of GBP, EUR, CHF and JPY LIBOR," November 18, 2020.

3　IBA, "ICE Benchmark Administration to Consult on Its Intention to Cease the Publication of One Week and Two Month USD LIBOR Settings at End-December 2021, and the Remaining USD LIBOR Settings at End-June 2023," November 30, 2020.

4　なお、米ドル以外の4通貨に関しては、2020年11月18日の事前アナウンスから変わらず、2021年12月末での公表停止を前提に市中協議を開始する意向が示された。

5　FCA, "FCA Response to IBA's Proposed Consultation on Intention to Cease US$ LIBOR," November 30, 2020.

第5章　米国金融市場におけるLIBORからの移行対応　81

米ドルの主要テナーの公表を2023年6月末で停止することを内容とする市中協議を正式に開始し、2021年1月25日を回答期限とした[6]。2021年3月5日、FCAは、IBAによる市中協議の結果等も踏まえて、LIBORの恒久的な公表停止を正式に決定した。この際、英ポンドと日本円の1・3・6か月物を対象に、市場データを用いて算出する擬似的なLIBOR（以下「シンセティックLIBOR」という）としてIBAに公表させる権限を行使することについて、市中協議を行う意向も併せて表明された。なお、この時点では、英ポンドについてはシンセティックLIBORの公表期間が明示されなかった一方[7]、日本円については、2022年12月末までの1年間に限定する方針が明確に示された。また、米ドルの1・3・6か月物について、2023年6月末以降にシンセティックLIBORの公表をIBAに強制する権限を行使するべきか否か、引き続き検討を行う旨も表明された。こうした対応の相違から、LIBORからの移行が困難な既存契約の規模などが通貨間で相応に異なっていた状況が推測される。

(2) 新型コロナウイルス感染症拡大の影響

こうした一連の経緯を振り返ると、米ドルLIBORの主要テナーの公表延長にかかる検討は、公式にはIBAが2020年11月にその可能性を示唆したことから本格的にスタートしている。この背景について、米ドルLIBORからの移行対応の遅れといえばそれまでであるが、金融当局からの詳細な説明は特段見当たらない。この点、新型コロナウイルス感染症拡大の影響は否定できないであろうと考えられるものの、2020年中の金融当局からのステートメントやコミュニケーションの内容は、総じて、「コロナ禍においても2021年末

6　IBA, "ICE Benchmark Administration Publishes Consultation on Potential Cessa-tion of LIBOR Settings," December 4, 2020.

7　その後、2021年4月21日、英国金融サービス法（Financial Service Act 2021）が成立し、英国ベンチマーク規制（Benchmarks Regulation）が改正された。最終的に、FCAには、年次レビューを条件に、最長10年間にわたり、LIBOR運営機関に対してシンセティックポンドLIBORの公表を強制できる権限が付与された。

を期限とする方針に変更はない」というものであった。このため、米ドルLIBORの公表延長はやや唐突に決定された印象を受ける。

　ここで、コロナ禍におけるLIBOR移行というコンテクストで、金融当局からの発表を整理したい。英国では、2020年3月25日、FCA、イングランド銀行（BOE）、英国検討委員会（RFRWG）の三者連名で、新型コロナウイルス感染症がLIBOR移行対応へ与える影響について議論することを発表した[8]。その後、同年4月29日に、三者は追加ステートメントを公表し、2020年第3四半期末を期限としていたキャッシュ商品の新規発行停止について、貸出の停止期限を2021年第1四半期末まで延長することとした[9]。もっとも、2021年末でのLIBOR公表停止という大前提は堅持された。同年5月には、BOEが、中間の金融安定報告書（Financial Stability Report）にて、LIBORの脆弱性がコロナ禍において一層顕在化したことを指摘し、LIBORからの移行の重要性を強調している[10]。具体的には、新型コロナウイルス感染症拡大の影響により、ホールセール無担保資金市場における主要なプレイヤーであるMMFから大規模な資金流出が発生した結果、パネル行によるCP・CDの発行が減少した。このため、LIBOR算出の裏付けとなる実取引が一段と減少することとなり、専門家判断（Expert judgement）によるレート形成のウェイトが一層高まったとしている。そして、MMFからの資金流出に起因するCP・CD市場の発行環境の悪化等をパネル行が専門家判断に織り込んだ結果、英ポンドLIBORの上昇圧力を生むこととなった（図表5-2）。LIBORの高騰は、BOEによる緊急利下げ[11]の効果を減殺するものであ

8　FCA, "Impact of the Coronavirus on Firms' LIBOR Transition Plans," March 25, 2020.

9　FCA, "Further Statement from the RFRWG on the Impact of Coronavirus on the Timeline for Firms' LIBOR Transition Plans," April 29, 2020.

10　BOE, "Interim Financial Stability Report," May 7, 2020, pp.13-15.

11　BOEは、新型コロナウイルス感染症拡大への対応として、2020年3月11日、緊急利下げを実施し、政策金利を0.75％から0.25％に引き下げた。同月19日には、更に引き下げて、政策金利を0.1％とした。同月に複数回の利下げを実施するのは極めて異例の対応である。

第5章　米国金融市場におけるLIBORからの移行対応　83

り、2020年7月には、金融安定理事会（FSB）も同様の指摘をしたうえで、コロナ禍であっても、2021年末までにLIBORへの依存から脱却するべきとの見解を維持する旨を強調した[12]。米国検討委員会（ARRC）も、2020年5月、コロナ禍の影響には引き続き懸念が残るとしながらも、米ドルLIBORの移行完了に向けたベストプラクティスを公表した[13]。

このように、少なくとも2020年第3四半期頃までは、コロナ禍であってもLIBOR対応の遅延を許さない姿勢を金融当局は明確に打ち出していた。しかしながら、ほぼ当初計画どおりに公表停止を迎えた4通貨と異なり、米ドルについては、新興国を含めてグローバルに利用され、最大のエクスポージャーであったこともあり、対応が想定対比遅延していたものとみられる。また、ミクロの主体間でみたときに、特に中小規模の金融機関や事業法人が、コロナ対応に経営資源を集中させざるを得なかった可能性は否定できない。コロナ禍で資金調達ニーズが高まるなかで、LIBOR以外の代替金利指標で資金調達を迅速に実行することは困難であったと考えられるほか、既存契約への対応が経営上の優先順位で劣後したとしても致し方ないであろう。加えて、前決め金利であるLIBORから、後決め金利である代替金利指標（例えば、SOFR複利（後決め））へ移行するためには、相応な規模のシステム改修や事務フローの見直しが必要であったことからも、負担感は大きかったものと推測される。また、多少穿った見方をすれば、コロナ対応をスケープゴートにして、LIBOR対応がおろそかになった面も否定できないであろう。

いずれにせよ、英米金融当局の当初のメッセージとは裏腹に、実際には、コロナ禍の影響が想定以上に大きかったものと考えられる。前述のとおり、IBAによる米ドルLIBORの公表延長の示唆はやや唐突な印象を受けるものであったが、水面下では、2020年を通して、特に英米金融当局と民間プレイ

---

12 詳細は、FSB, "FSB Statement on the Impact of COVID-19 on Global Benchmark Reform," July 1, 2020を参照。

13 ARRC, "ARRC Recommended Best Practices for Completing the Transition from LIBOR," May 27, 2020.

ヤーの思惑の攻防があったものとみられる。

図表5－2　コロナ禍の英国における各金利指標の推移

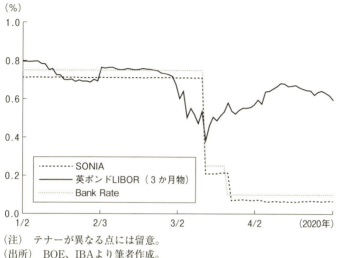

（注）　テナーが異なる点には留意。
（出所）　BOE、IBAより筆者作成。

(3) 新規取引における米ドルLIBORの利用制限

　米ドルLIBORの主要テナーは2022年入り以降も公表が継続されることとなったが、新規取引での利用は原則として禁止された。停止すべき「新規取引」と許容される「例外」の定義については、FRBほか5当局の共同ステートメント（2021年10月公表）や、FRBによるFAQ（同年11月公表）で明確化されている。まず、停止すべき「新規契約」とは、(i)新たなLIBORエクスポージャーを生じさせるもの、及び(ii)既存のLIBOR参照契約の満期を延長するもの、を指す。ただし、①2021年12月末以前に締結された法的強制力のある契約（コミットメントライン等）に基づく引き出しは、「新規契約」に含まれないこと、②2022年1月以降における既存のLIBOR参照ローンの自動更改は、「(ii)既存のLIBOR参照契約の満期延長」として「新規契約」に含まれること、③2021年12月末までに締結された既存契約の実施は、「新規契約」に含まれないことに留意する必要がある。次に、許容される「例外」

のケースとしては、(i)中央清算機関（CCP）における参加者破綻時に求められるオークション手続への参加とその結果生じた米ドルLIBORエクスポージャーのヘッジ、(ii)2021年12月末までに締結された米ドルLIBOR取引にかかる顧客サポートのためのマーケットメイキング、(iii)銀行やその顧客の2021年12月末までに締結された米ドルLIBORエクスポージャーを減少させる、又はヘッジする取引、(iv)2021年12月末までに締結された米ドルLIBOR参照取引のノベーションが挙げられている[14]。

第3節 米国金融市場におけるLIBOR移行の状況

　本節では、米ドルLIBOR公表停止（2023年6月末）の約1年前の段階における、米国市場の移行状況を中心に分析する。大きな全体感としては、2022年3月にARRCが公表したサーベイからも確認できるとおり、LIBORからの移行は円滑に進捗しており、特段の支障が生じている様子は見受けられない（図表5-3）。以下では、金融商品別（特に貸出市場）に移行対応の状況を仔細に分析する。

図表5-3　金融商品別LIBOR移行対応評価

（単位：％）

	全体〈18〉	デリバティブ〈17〉	企業向け貸出〈15〉	個人向け貸出〈13〉	変動利付債〈14〉
順調	27.8	52.9	20.0	76.9	78.6
全体として順調（多少の支障はあり）	72.2	41.2	80.0	23.1	21.4
支障あり	0.0	5.9	0.0	0.0	0.0

（注）〈 〉内は、回答先数を表す。
（出所）　ARRC公表資料[15]より筆者作成。

14　詳細は、金融庁・日本銀行・前掲注1・8頁を参照。
15　ARRC, "Minutes for the March 23, 2022 Meeting Appendix A."

(1) デリバティブ市場

　主要CCPに清算集中された店頭及び上場デリバティブ取引に占めるRFR参照デリバティブ取引の割合（DV01ベース[16]）をみると、SOFR参照取引の割合は顕著に増加しており、2022年3月初旬時点で41.1％となっている（図表5－4）。米国デリバティブ市場におけるLIBOR移行については、2021年6月8日に、米国商品先物取引委員会（CFTC）傘下の市場リスク諮問委員会（MRAC）によって推奨された「SOFRファースト」の貢献が大きい[17]。これは、ディーラー間金利スワップでの気配値呈示のコンベンションをLIBORからSOFRへ切り替える日を2021年7月26日、米ドル参照の線形デリバティブのディーラー間ブローカースクリーンの配信（情報提供目的）を2021年10月22日までとすることを内容としたもので、同年6月24日のフォローアップミーティングでは、SOFRファーストの対象として、「通貨スワップ」「非線形デリバティブ」「上場デリバティブ」も追加された[18]。

　米ドル以外の動向も若干考察すると、英ポンド、日本円、スイスフランではRFRベースでの取引の割合が90％を超えている一方で、ユーロでは20％程度にとどまった。欧州市場では、LIBOR同様の銀行間取引金利であるEURIBORが多様な金融商品で従前より幅広く利用されてきており、デリバティブ市場も例外ではない。RFRであるESTR参照デリバティブの比率が徐々に高まっているものの[19]、引き続き、EURIBOR参照デリバティブの比率が高い状況にある。今後も、欧州金融市場における重要な指標金利として、EURIBORが果たす役割は大きいとみられる。

16　金利リスク量の指標で、金利が1bps変化した際の価格変化を表す。

17　CFTC, "SOFR First | MRAC Subcommittee Recommendation," July 13, 2021.

18　通貨スワップについては、米ドル・英ポンド・スイスフラン・日本円に関して、LIBORからRFRへの切り替え日を、2021年9月21日とすることが推奨された。なお、その後、欧州検討委員会は、2021年12月13日を切り替え日として、ディーラー間市場におけるUSD-EUR通貨スワップでのESTRの採用を推奨した。

図表 5 - 4 デリバティブ取引におけるRFR参照取引の通貨別割合

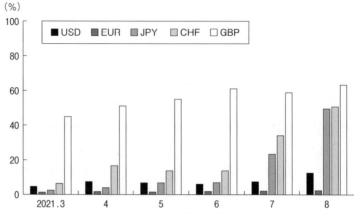

(出所) ISDA-Clarus RFR Adoption Indicatorより筆者作成。

(2) 貸出市場

貸出市場においても、LIBORからの移行が比較的順調に進捗した模様である（図表 5 - 5）[20]。こうしたもとで、本項では、米国貸出市場における重要な論点として、①ターム物SOFRの利用拡大、及び②スプレッド調整（Credit Spread Adjustment、CSA）にかかる議論について考察する。

---

[19] ESTR参照デリバティブの動向については、欧州検討委員会会合（2022年3月2日）にて、ISDAが詳細な報告をしている。例えば、ユーロ圏におけるIRD取引において、2021年12月時点で、EURIBORの比率は61.8％、ESTRの比率は34.5％という状況であった（想定元本ベース）。

[20] もっとも、ARRCのサーベイ（図表 5 - 3）を踏まえると、デリバティブ市場及び債券市場との対比では、企業向け貸出の移行ペースが相対的に緩やかであった可能性がある。

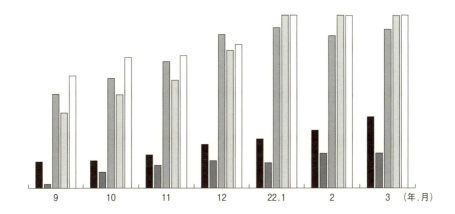

図表5−5　シンジケート・ローンにおける移行状況

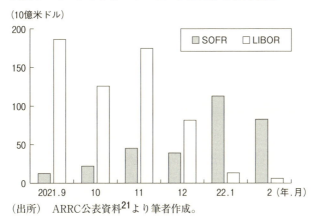

（出所）　ARRC公表資料[21]より筆者作成。

① ターム物SOFRの利用拡大

2021年7月29日、ARRCは、CMEグループが算出・公表するターム物RFRであるターム物SOFRを正式に推奨することを決定した[22]。この決定に

21　ARRC, "March 23 Meeting Readout," March 24, 2022, p.3.
22　ARRC, "ARRC Formally Recommends Term SOFR," July 29, 2021.

第5章　米国金融市場におけるLIBORからの移行対応　89

先立ち、ARRCは、ターム物SOFRの利用範囲に関するベストプラクティスを発表している[23]。貸出市場におけるターム物SOFRの利用範囲には、法人向け貸出（特に、新規のマルチ・レンダー・ファシリティ、ミドル・マーケット・ローン、トレード・ファイナンス・ローン）も含まれることが明示された。この背景として、貸出市場では、LIBOR同様に適用金利が予め決定する性質を持つターム物SOFRの利用が貸付人・借入人の双方にとって親和的であることが大きい。業界団体である米国Loan Syndications and Trading Association（LSTA）は、SOFR複利（後決め）との対比で、ターム物SOFRの利用により事務フロー上の負担が劇的に軽減されるとして、ARRCのベストプラクティスを歓迎するステートメントを発出した[24]。

一般に、米国市場では、5つの代替金利指標の選択肢がある。まず、後決め金利として、(a)SOFR単利（後決め）と(b)SOFR複利（後決め）[25]があり、契約時点では適用金利が決定せず、利払い日の直前になって適用金利が決定する。このため、前決め金利であるLIBORとは事務フローが大きく異なることから、特に貸出市場での利用にはハードルが高いとみられる。次に、LIBOR同様の前決め金利として、(c)SOFR複利（前決め）、(d)ターム物SOFR、そして、(e)クレジット・センシティブ・レート（CSR）がある。もっとも、(c)SOFR複利（前決め）については、金利の適用開始時点で予め適用金利が確定する利点はあるものの、SOFRの参照期間と計算期間にズレが生じる結果、経済的価値に影響するという欠点がある。(e)のCSRに関しては、指標算出の裏付けとなる取引が僅少であり、LIBOR同様の欠陥があるとして、金融当局が強く批判しているため、広範に利用していくにはやや懸念が残る。こうしたことから、米国の貸出市場ではターム物SOFRの利用が

---

23 ARRC, "ARRC Best Practice Recommendations Related to Scope of Use of the Term Rate," July 21, 2021.

24 LSTA, "LSTA Applauds ARRC Decision on Business Loans and CLOs," July 21, 2021.

25 SOFR複利（後決め）の利用を促す目的で、ニューヨーク連銀がSOFR Averagesを公表している。なお、SOFR Averagesは、前決め複利としても利用可能。

広がっている模様である[26]、[27]。一例として、Institutional Loan[28]の新規取引におけるSOFRへの移行状況をみると、2021年第4四半期時点では、SOFR参照貸出の比率は10%程度であったが、2022年第1四半期には、90%程度まで急上昇しており、この大部分がターム物SOFR参照の取引であるとみられる[29]。

こうした状況は、英国とは大きく異なる。英国では、ターム物SONIAの利用は最小限にとどめるべきとの方針を明確にしており、2020年1月にRFRWGが発表した「Use Cases of Benchmark Rates」では、貸出市場の90%（金額ベース）の取引において、SONIA複利（後決め）の利用が適切であると整理している。実際、2022年1月のRFRWG会合にて、BOEは、英国の金融市場全体にSONIA複利（後決め）が既に完全に組み込まれており、貸出を含むあらゆる分野で、SONIA複利（後決め）参照商品が組成されていることを報告した。更に、一連の厳しいマクロ市場環境のなかにあっても、SONIAに基づく市場は良好に機能し続けていることも指摘した[30]。このように、英国ではSONIA複利（後決め）を軸とした貸出市場の形成が進行した。

この点、米国では、日本型に近い市場形成が進む可能性がある。当初、英国及び米国ともに、ターム物RFRの利用は、ごく一部の金融商品に限定す

---

26 米国BAFT（Bankers Association for Finance and Trade）主催のWebinar（2022年1月25日）におけるCMEグループの発表によれば、ターム物SOFRの利用にかかるライセンス契約は500社2,000本を超えており、米国だけではなくAPACを含めたグローバルに契約者が増加している。

27 PwCは、貸出市場における変動金利として、多くのケースでターム物SOFRが利用されていると指摘する。詳細は、PwC, "LIBOR Transition Market update: February 1-28, 2022." を参照。

28 「Institutional Loan」とは、シンジケート・ローンの融資タイプの1つ。タームローンのうち、元本を期日に一括返済する長期ローンで、大半はセカンダリー市場へ売却される。例えば、青木凌、渡邊真一郎「米国シンジケート・ローン市場の現状及び邦銀の取り組み」『日銀レビュー』2022-J-5を参照。

29 詳細は、LSTA, "LIBOR Transition & Leveraged Loans: What 1Q22 Has Taught Us," April 14, 2022を参照。LSTA, "SOFR: The First Three Months," March 31, 2022.

30 RFRWG, "Minutes of the Working Group on Sterling Risk-Free Reference Rates - January 2022," March 9, 2022.

ることを想定していた。英国は当初からのこの理念を貫き、SONIA複利（後決め）をベースに市場慣行が形成されている一方、米国では当初の理念がやや薄れ、貸出市場を中心にターム物SOFRの利用が従前の想定対比で広がっている模様である。この点、日本では、キャッシュ商品におけるターム物RFRへの高い支持が市場参加者から早くから表明されていた。今後、米国、英国、日本において、ターム物RFRの利用に関する市場慣行がどのように固まっていくか、各国間の相違に着目しつつ、注視していきたい。

② CSAに関する議論

信用リスクを含むLIBORから、RFRであるSOFRへの移行においては、CSA（スプレッド調整）が必要になる。通常、SOFRの方がLIBORよりも金利水準は低いため、LIBORからSOFRへの移行後に一定のスプレッドを付加することで、貸付人・借入人間の経済的価値の移転を小さくすることが可能となる。ARRCでは、米ドルLIBORを参照する企業向け貸出のフォールバック・レートとしてターム物SOFR等を参照する場合のスプレッド調整値として、ISDAデリバティブにおけるスプレッド調整値（「過去5年中央値アプローチ」により算出、以下「ARRC-ISDAスプレッド」という）と同値を採用することが適当と整理し、推奨していた。そして、2021年3月5日のFCAのアナウンスメントによって、米ドルLIBORの全テナーで、スプレッド調整値が確定した。このため、基本的には、ARRC推奨のフォールバック条項をそれ以降に導入した場合には、その段階で、後継金利（フォールバック・レート＋スプレッド調整値）が確定することとなった。

一方で、米国の貸出市場では、SOFRベースでの新規契約においてスプレッド調整値を加味するケースや、フォールバック条項の内容次第ではあるが後継金利に早期移行するケース（early opt-in）への関心が高まっていた。この背景の1つとしては、米ドルLIBOR-CMEターム物SOFRスプレッドが、ARRC-ISDAスプレッドとやや大きめに乖離していたことがある。例えば、2022年5月3日の米ドルLIBOR-CMEターム物SOFRスプレッドをスポットで参照すると、1か月物：2.088bps（ARRC-ISDAスプレッド：

11.448bps)、3か月物：20.774bps（同26.161bps）、6か月物：36.348bps（同42.826bps）となっており、スポットでみるとARRC-ISDAスプレッドの適用は借入人にとって不利な状況である。こうした問題意識を背景に、LSTAは、①ARRC-ISDAスプレッドのほか、②固定値調整（例えば、全テナーで10bps）、③傾斜調整（例えば、1か月物：10bps、3か月物：15bps、6か月物：25bps）といった手法を例示した[31]（図表5－6）。ただし、あくまでもスポット分析であり、例えば、フォールバック時における経済的価値の移転リスクの大小はマクロの市場環境次第であったことには留意する必要がある。なお、ARRCは、2022年中の重点分野として、新規契約でのSOFRの利用促進と既存契約の移行支援を位置付けていた[32]。

図表5－6　スプレッド調整値の比較

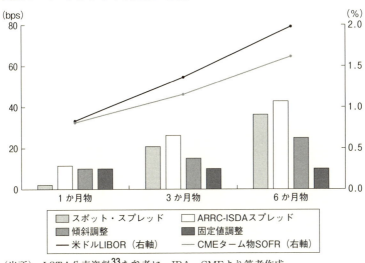

（出所）　LSTA公表資料[33]を参考に、IBA、CMEより筆者作成。

---

[31] LSTA, "SOFR: The First Three Months," March 31, 2022.
[32] ARRC, "ARRC Chair Tom Wipf on LIBOR's Demise, Momentum Towards SOFR, and the Work That Still Remains," February 3, 2022.
[33] LSTA, "LIBOR Transition & Leveraged Loans: What 1Q22 Has Taught Us," April 14, 2022, p.11.

(3) 債券市場

　債券市場については、ARRCのサーベイにおいて「順調」との回答が他の金融商品対比で最も多かったほか（前掲図表5－3参照）、統計データからもSOFRへの順調な移行を確認できる。2022年2月時点で、新規発行の変動利付債のほぼ100％がSOFR参照債券となっていた（図表5－7）。

図表5－7　変動利付債における移行状況

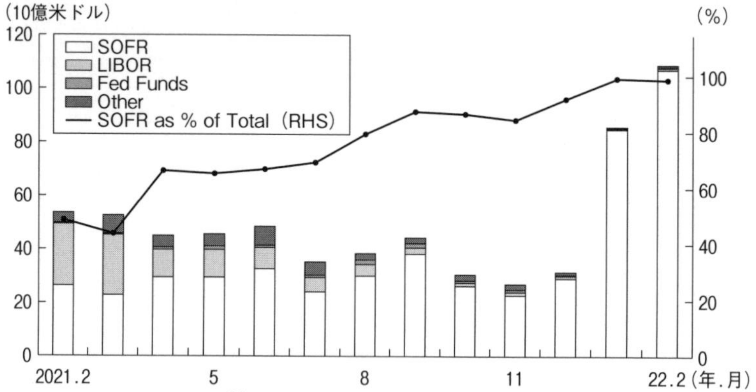

（出所）　ARRC公表資料[34]より筆者作成。

第4節 ┃ おわりに

　本章では、米ドルLIBORの動向について、公表延長の経緯を再整理するとともに、米ドルLIBOR公表停止の約1年前における米国金融市場での移行対応の状況を分析した。特に、貸出市場におけるターム物SOFRの台頭や、LIBORからSOFRへの移行に伴うCSA（スプレッド調整）について考察を試みた。米ドルLIBORの利用者は、米国金融市場だけではなく、日本を

34　ARRC・前掲注21・3頁。

含めてグローバルに幅広く存在したことから、金融システムの安定性の維持の観点から、米ドルLIBORからの移行対応は一連の金利指標改革における最も重要なイベントの1つであったと考えられる。

第 6 章

米ドルLIBOR参照タフレガシーにかかる立法措置と残存する課題
——シンセティックLIBORの適用可能性を中心に

第1節 はじめに

　LIBOR公表停止への対応方法としては、①移行、及び、②フォールバックの2つのアプローチがある。まず、①移行とは、LIBORの公表停止前に、既存契約の満了等により新規に契約する金融商品・取引について、参照金利として、LIBORではなく他の金利指標を用いる対応方法である。次に、②フォールバックとは、契約期間がLIBORの公表停止時点をまたぐ契約において、フォールバック条項を導入し、LIBORの公表停止後などにLIBORに代えて参照する後継金利を契約当事者間で予め合意しておく対応方法である。

　しかしながら、契約当事者間の合意形成が困難であるケースなどにおいて、①移行、又は②フォールバック条項の導入、のいずれの対応も取れず、LIBORから他の金利指標への移行が困難な既存契約が一定数存在し、こうした契約は、「タフレガシー」と呼ばれた。タフレガシーにおいては、LIBORの公表停止に伴い、契約上の参照金利指標が消失することになるため、法的安定性や金融システム上の安定性を損なう懸念が指摘されていた。

　こうしたタフレガシー問題への対応として、米国では2021年4月に、ニューヨーク州において立法措置が取られた。この結果、ニューヨーク州法

96　第2部　米国における動向

を準拠法とする米ドルLIBOR参照の既存契約について、頑健なフォールバック条項がない場合には、米ドルLIBORの公表停止時に、他の金利指標が自動的に適用され、契約変更の効果が生じることとされた。米国では、ニューヨーク州に続いて、アラバマ州、フロリダ州においても同様の州法が成立した。しかしながら、あくまでも州レベルでの立法措置であり、当該州法を準拠法とするタフレガシーのみにしか法的効果が及ばないことから、連邦レベルでの立法措置の必要性が指摘されていた。

こうした問題提起を受けて、2022年3月、ニューヨーク州法などの規定と基本的に同様の内容で、Adjustable Interest Rate（LIBOR）Act（以下「連邦LIBOR法」という）が成立した。2022年7月には、連邦LIBOR法110条にのっとって、米国FRBが、連邦LIBOR法の施行規則案（以下「FRB施行規則案」という）を公表し、金融商品別の代替金利指標やスプレッド調整方法等を提示した。

一連の法的措置の整備により、米国におけるタフレガシー問題にかかるリスクは大きく低減したものと評価できる一方で、連邦LIBOR法の施行によってもなお、検討を要する課題が残されていたと思われる。そこで本章では、はじめに、連邦LIBOR法やFRB施行規則案の概要を整理し、適用範囲や対象契約、代替金利指標の選定にかかる規定の詳細を分析していく。次に、立法措置後もなお検討を要した課題として、①シンセティックLIBORの適用可能性にかかる論点を主として検討し、最後に、②ヘッジ付キャッシュ商品における代替金利指標への移行に伴う論点についても若干考察する。

第2節　連邦LIBOR法の概要

本節では、連邦LIBOR法の概要について、⑴適用対象となる契約、⑵適用される代替金利指標、⑶代替金利指標の適用タイミング、⑷適用にかかるセーフ・ハーバー規定（免責規定）の内容を順に整理する。

(1) 適用対象となる契約

　大前提として、連邦LIBOR法は、米国の連邦法又は州法（以下、併せて「米国法」という）に準拠する既存契約にのみ適用される（FRB施行規則案253条1項(c)）。また、他の州法に優先して適用される（連邦LIBOR法107条）。この点、「州」の定義については、FRB施行規則案253条2項において、米国の各州のほか、コロンビア特別区、プエルトリコ、北マリアナ諸島、米領サモア、グアム、米領ヴァージン諸島なども指すことが提示されている。この背景として、FRB施行規則案の補足説明（Supplement information）では、連邦LIBOR法の制定趣旨が、広く米国全土にわたるタフレガシー問題の解決であることを指摘し、「州」を拡大的に定義することが適切であるとしている。また、対象となるLIBORとは、米ドルLIBORのうち、翌日物、1か月物、3か月物、6か月物、12か月物であり、1週間物及び2か月物は含まれない（連邦LIBOR法103条15項(A)(B)）。

　この前提のもとで、連邦LIBOR法の適用対象となる既存契約とは、①フォールバック条項を欠く契約、又は②フォールバック条項はあるが、代替金利指標又は代替金利指標の決定権者が不明瞭な契約である（連邦LIBOR法104条(a)）。ただし、フォールバック条項を導入しており、代替金利指標又は代替金利指標の決定権者が特定されていたとしても、LIBOR代替日（LIBOR replacement date、本節(3)で後述）において、次の2つのケースのいずれかに該当するフォールバック条項は無効となる。1つ目は、LIBORの価値をベースとした代替金利指標へと移行する場合、例えば、最後に公表されたLIBORが代替金利指標として指定されているようなケースが該当する。2つ目は、指標の運営機関以外の者が、インターバンク市場における貸出金利等の情報を調査・照会する必要があるケースである（連邦LIBOR法104条(b)）。なお、代替金利指標の決定権者が、LIBOR代替日までに、あるいは、契約においてより早い期日に決定期限が設定されている場合にはその日までに、代替金利指標の選択を行わなかった場合にも、FRBが指定する

代替金利指標へと移行することになる（連邦LIBOR法104条(c)(3)）。

　適用対象となる契約と表裏の関係にあるが、適用対象外となる契約を認識することも重要である。まず第1に、米国法以外の外国法に準拠する契約は適用対象外である。例えば、日本法準拠の米ドルLIBOR参照のタフレガシーについては、連邦LIBOR法の救済措置は受けられない。また、対象となる米ドルLIBORは、前述のとおり、翌日物・1・3・6・12か月物の米ドルLIBORであり、USD LIBOR ICE Swap Rateなどは明示されていない。したがって、同レートを参照するコンスタント・マチュリティ・スワップに連動する債券（CMS債）などは、適用対象外になると解釈される。このほか、契約当事者間で、連邦LIBOR法を適用しないことを書面で合意している場合などにも適用対象外となる（連邦LIBOR法104条(f)）。

(2)　適用される代替金利指標

　適用対象となる契約の米ドルLIBORは、金融商品別に、FRBが指定するSOFRベースの金利指標に、適切なテナースプレッド調整値（Tenor spread adjustment）を付加したレートへと変更される。SOFRベースにスプレッド調整値を加えたものを、「Board-Selected Benchmark」（以下「FRB指定金利指標」という）と呼ぶ（連邦LIBOR法103条(6)、(20)、104条(e)）。なお、スプレッド調整値を付加する必要性に若干言及すると、銀行の信用リスクを含む金利指標であるLIBORと、信用リスクを含まないリスク・フリー・レート（RFR）であるSOFRとの間には、信用リスクの差分だけ金利水準に差異が生じ、通常、LIBORの方が金利水準は高い。このため、スプレッド調整を行わない場合には、契約当事者間で経済的価値の移転が生じ、その結果、会計・税務上の課題や訴訟リスク等が生じ得る。そこで、このような経済的価値の移転を最小化するために、スプレッド調整が実行される（図表6－1）。連邦LIBOR法103条(20)で規定されるスプレッド調整値は、翌日物LIBOR：0.00644％、1か月物：0.11448％、3か月物：0.26161％、6か月物：0.42826％、12か月物：0.71513％となっている。この値は、ISDAデリ

バティブのプロトコル[1]で利用されるスプレッド調整値（いわゆるISDAスプレッド）と同値であり、2021年3月5日[2]から過去5年間におけるLIBORと期間調整後のSOFR複利との差の中央値に基づいて計算されている[3]。

図表6－1　スプレッド調整のイメージ

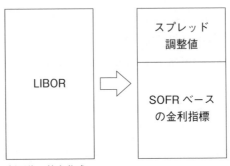

（出所）　筆者作成。

以下、FRB施行規則案253条4項に基づいて、FRB指定金利指標を金融商品ごとに整理する（一覧表として、図表6－2）。

図表6－2　金融商品別の代替金利指標

〈デリバティブ商品〉

LIBOR	代替金利指標	スプレッド調整値
翌日物	SOFR	0.644bps
1か月物	SOFR複利（後決め）〈1M〉	11.448bps
3か月物	SOFR複利（後決め）〈3M〉	26.161bps
6か月物	SOFR複利（後決め）〈6M〉	42.826bps
12か月物	SOFR複利（後決め）〈12M〉	71.513bps

1　2020年10月に公表された「ISDA 2020 IBOR Fallbacks Protocol」を指し、2022年7月6日時点で、約1万5,000社以上が批准している。
2　2021年3月5日、FCAとIBA（LIBOR運営機関）は、米ドルLIBORの一部テナーを除き、2021年12月末でのLIBOR公表停止を正式に発表した。この発表をもって、LIBORの全通貨・全テナーにおいて、ISDAスプレッド調整値が確定した。
3　この計算手法を、「過去5年中央値アプローチ」という。

〈キャッシュ商品（対象GSE契約を除く）〉

LIBOR	代替金利指標	スプレッド調整値
翌日物	SOFR	0.644bps
1か月物	ターム物SOFR〈1M〉	11.448bps
3か月物	ターム物SOFR〈3M〉	26.161bps
6か月物	ターム物SOFR〈6M〉	42.826bps
12か月物	ターム物SOFR〈12M〉	71.513bps

〈対象GSE契約〉

LIBOR	代替金利指標	スプレッド調整値
翌日物	SOFR	0.644bps
1か月物	30-day Average SOFR	11.448bps
3か月物	30-day Average SOFR	26.161bps
6か月物	30-day Average SOFR	42.826bps
12か月物	30-day Average SOFR	71.513bps

（注1） キャッシュ商品のうち消費者向け貸出は、1年間の移行期間経過後。
（注2） ターム物SOFRは、CME Term SOFRを指す。
（出所） FRB施行規則案より筆者作成。

① デリバティブ

デリバティブ商品のFRB指定金利指標は、「SOFR複利（後決め）＋スプレッド調整値」であり、ISDAプロトコルにおけるフォールバックレートに等しい。デリバティブ契約に関するフォールバック条項としては、グローバルに、既に多くの市場参加者がISDAプロトコルを批准済みであることから、連邦LIBOR法による救済という観点では、ISDAプロトコルを批准していない当事者間のデリバティブ契約が念頭に置かれている。

② キャッシュ商品

キャッシュ商品（消費者向け貸出、対象GSE契約を除く）では、(i)翌日物LIBORについては、「SOFR＋スプレッド調整値」、(ii)その他のテナーに関しては、「ターム物SOFR[4]＋スプレッド調整値」が提示されている。前決めの

第6章 米ドルLIBOR参照タフレガシーにかかる立法措置と残存する課題 101

金利であるターム物SOFRの場合には、後決めの金利であるSOFR複利（後決め）と異なり、金利の適用開始時点で適用金利が予め確定するため、キャッシュフローの不確実性を回避できるほか、LIBORベースの取引慣行とも親和性が高い。このため、米国のキャッシュ商品においては、ターム物SOFRの利用が拡大しつつあった。キャッシュ商品における代替金利指標として、FRBがターム物SOFRを指定したことは、米国の市場形成の実態に沿ったものであったと評価できる。

③ 消費者向け貸出

消費者向け貸出では、その他のキャッシュ商品と同様に、ターム物SOFR＋スプレッド調整値への移行が提示されたが、スプレッド調整に1年間の移行期間が設定されている点に特色がある（連邦LIBOR法104条(e)(2)）。具体的には、2023年7月1日から2024年6月30日の1年間をかけて、連邦LIBOR法で規定されたスプレッド調整値へと線形に毎営業日徐々に移行していくことが規定された[5]。つまり、移行期間が経過した1年後には、他のキャッシュ商品におけるFRB指定金利指標と同値となる。移行期間が設定された趣旨としては、消費者（借り手サイド）保護の観点から、一種の激変緩和措置であったと解釈される。

④ 対象GSE契約

対象GSE契約とは、GSE（Government-sponsored enterprise）が契約当事者として特定されており、かつ、主として住宅金融関連の契約であり、(i)翌日物LIBORの場合には、「SOFR＋スプレッド調整値」、(ii)その他のテナーについては、「30-day Average SOFR[6]＋スプレッド調整値」がFRB指定金利指標として提示された（FRB施行規則案253条4項）。ターム物SOFRでは

4　ターム物SOFRについて、厳密には、CMEグループが公表する「CME Term SOFR」が指定されている。米国では、IBAもターム物SOFR（ICE Term SOFR Reference Rates）を公表している。

5　スプレッド調整値を算出するうえで重要な「営業日（Business day）」の定義に関しては、FRB施行規則案253条2項で明確化が図られている。

6　ニューヨーク連邦準備銀行が算出・公表。

102　第2部　米国における動向

なく、30-day Average SOFR、すなわち、SOFR複利が提案された背景には、Fannie Mae及びFreddie Macの方針が関係していたと考えられる。LIBOR移行対応として、両者は、2020年4月1日、SOFR参照の変動金利型住宅ローン（ARM）の買取条件の詳細を公表し、30-day Average SOFR参照商品を対象とすることを決定した。このため、FRBが、対象GSE契約の既存の市場慣行や市場流動性に配慮したものと解釈される。

なお、Fannie Mae及びFreddie Macが、30-day Average SOFRを指定した2020年4月時点では、ターム物SOFRは正式には構築されていない以前に、その価値の裏付けとなる市場の流動性の低さなどを理由に、金利指標としての信頼性・頑健性について懐疑的な見方が支配的であった。しかしながら、キャッシュ商品（特に貸出）において、LIBOR同様の前決め金利を求める声が徐々に大きくなり、最終的には、2021年7月に米国の金利指標検討委員会（ARRC）がターム物SOFRを正式に推奨するに至った[7]。こうした経緯から、対象GSE契約とその他のキャッシュ商品との間で、FRB指定金利指標の提案に差異が生じたものと推測される。

(3) 代替金利指標の適用タイミング

FRB指定金利指標への変更及びこれに付随する修正にかかる法的効果は、LIBOR代替日（LIBOR replacement date）に生じると規定された。LIBOR代替日とは、米ドルLIBORの主要テナーの公表が停止される2023年6月30日以降の最初のロンドン銀行営業日を指し、より実務的には、2023年6月30日以降の最初のロンドン営業日以降の金利更改日において、FRB指定金利指標が自動的に適用されることとなった。ただし、可能性は極めて低かったものの、LIBORの恒久的な公表停止日や指標性の喪失日が別に決定された

---

7 ARRCは、ターム物SOFRを推奨するために基準とする市場指標（Market indicators）を事前に設定していた（2021年5月6日）。正式に推奨するにあたっては、SOFR参照デリバティブの取引量の増加やSOFR参照キャッシュ商品の増加といった市場指標の充足が判断の根拠となった。

第6章　米ドルLIBOR参照タフレガシーにかかる立法措置と残存する課題　103

場合には、この限りではない旨も規定された（連邦LIBOR法103条17項）。

(4) セーフ・ハーバー規定

　連邦LIBOR法において、FRB指定金利指標への変更及びこれに伴う付随修正は、商業上合理的な代替であり、商業上実質的に同価値であること、LIBORと類似又は比較可能なメソドロジー若しくは情報に基づく代替金利であること、LIBORと実質的に類似した過去の変動を持つ代替金利であること等と定められた（連邦LIBOR法105条(a)）。また、こうした変更は、①LIBOR参照の既存契約に基づく支払にかかる権利や支払時期・金額に影響を与えないこと、②LIBOR参照契約に基づく請求や抗弁を免除あるいは認容するもの等ではないこと、③LIBOR参照契約に基づく履行を一方的に解除したり停止したりする権利を付与するものではないこと、④LIBOR参照契約における契約当事者の債務不履行や、LIBOR参照契約を無効化するものではないことが規定された（連邦LIBOR法105条(b)）。

　更には、FRB指定金利指標の選択・利用、及び、それに伴う付随修正を行う場合、何人も、これに起因して発生する法律上又は衡平法上の請求に服することはなく、また、損害賠償責任を負うことはない旨も規定された（連邦LIBOR法105条(c)）。

第3節 ｜ 残存する課題

　連邦LIBOR法及びFRB施行規則案を踏まえ、米国法準拠のタフレガシーに関して、2023年6月末の米ドルLIBOR公表停止前に残されていた課題として、(1)シンセティックLIBORの適用可能性、(2)ヘッジ関係にあるキャッシュ商品とデリバティブ商品での代替金利指標の相違の可能性、について指摘する。

104　第2部　米国における動向

(1) シンセティックLIBORの適用可能性

　連邦LIBOR法の成立により、FRB指定金利指標へと自動的に移行するため、タフレガシーに起因する訴訟リスクや金融システム上のリスクは基本的に解消された。しかしながら、米国法準拠のタフレガシーであっても、米ドルLIBORの公表停止日以降に、シンセティックLIBORが適用される可能性が一部の契約で残されていた。このため、FRB施行規則の最終化に向けて、該当する可能性のある契約当事者は留意する必要があったと考えられる。ここでは、この法的メカニズムを考察していくこととし、はじめに、前提の理解として、①シンセティックLIBOR、及び②公表停止トリガーと公表停止前トリガー、について整理する。

① シンセティックLIBOR

　2021年4月、英国において、英国金融サービス法（Financial Service Act 2021）が成立し、同法に基づいて、英国ベンチマーク規則（以下「改正UKBMR」という）が改正された。改正UKBMRに基づいて、英国FCAは、①金利としての指標性（Representativeness）を喪失した又は喪失するおそれ等がある「重要な金利指標（Critical benchmark）」を、「Article 23A Benchmark」として指定することが可能となる（改正UKBMR Article 23A）。②英国FCAの監督下にある者（Supervised entities）は、Article 23A Benchmarkとして指定された金利指標の利用を原則として禁止される（改正UKBMR Article 23A）。ただし、英国法準拠のタフレガシーの救済を念頭に、③一定の既存契約においては、Article 23Aに基づく利用制限の適用が除外される（改正UKBMR Article 23C）。また、④英国FCAには、「Article 23A Benchmark」の運営機関（Benchmark administrator）に対して、当該Article 23A Benchmarkの算出方法の変更、例えば、指標の算出に利用するデータの変更等を求める権限が付与される（Article 23D(2)）。

　この結果、2022年1月4日より、日本円及び英ポンドの「1か月物、3か月物、6か月物」について、シンセティックLIBORの公表が開始された。

従前のLIBORの場合には、パネル行が呈示するレートを一定の算出方法に基づき算出していたが（いわゆる「パネルLIBOR」）、シンセティックLIBORの場合には、市場データを用いて算出される。より具体的には、シンセティック円LIBOR（1か月物、3か月物、6か月物）の場合には、各テナーに対応する「(i)東京ターム物リスク・フリー・レート（TORF）＋(ii)ISDAスプレッド」によって算出されており、パネルLIBORとは経済的価値が変わり得る[8]。

　改正UKBMRの成立当初は、シンセティックLIBORの適用対象となるタフレガシーの範囲が明示されていなかったこともあり、適用対象にかかる英国FCAの方針に対して、2021年末にかけて金融市場で大きく注目が集まっていた。最終的に英国FCAは、シンセティックLIBORの利用範囲にかかる市中協議等を踏まえて、2021年11月、2021年末までに移行が完了しない既存契約の全て（ただし、清算集中デリバティブを除く）について、シンセティックLIBORの利用を広範に認める方針を示した。もっとも、シンセティックLIBORの利用は、あくまでもタフレガシーに限定されており、新規取引での利用は制限されていた点には留意する必要がある。

　2021年12月には、Critical Benchmarks（References and Administrators' Liability）Act 2021が英国で成立し、LIBOR移行対応関係では2度目のUKBMRの改正が行われた。この結果、英国法準拠のタフレガシーにおける日本円及び英ポンドの1か月物、3か月物、6か月物LIBORについては、シンセティックLIBORへと自動的に移行する形で、契約変更の効果が生じることとなった。

　このように、英ポンド・日本円の2通貨において、パネルLIBORの公表停止後にシンセティックLIBORが公表されることとなった。これと同様に、米ドルについても、パネルLIBORの公表停止以降、2024年9月末までを念頭にシンセティックドルLIBORを算出・公表する方向で、英国FCAで検討

8　シンセティック英ポンドLIBORにも同様の算出方法が用いられており、「ICE Term SONIA Reference Rates＋ISDAスプレッド」で算出されている。

が行われた。もっとも、シンセティックドルLIBORの構築は、米国法以外に準拠するタフレガシーの救済策として想定されたものであり[9]、米国法準拠のタフレガシーについては、連邦LIBOR法による救済が念頭に置かれていた点に留意する必要がある。

② 公表停止トリガーと公表停止前トリガー

公表停止トリガー（Cessation trigger）とは、LIBOR監督当局（英国FCA）又はLIBOR運営機関（IBA）が、LIBORの公表停止又は公表停止予定を発表した場合に、フォールバックが発動されるトリガーである。一方、公表停止前トリガー（Pre-cessation trigger）とは、LIBOR監督当局が、LIBORが市場の実態を表さない旨又は市場の実態を表さない予定である旨を発表した場合に、フォールバックが発動するトリガーである。公表停止前トリガーの趣旨としては、LIBORの公表が継続されていたとしても、LIBORパネル行の減少や算出方法の変更等によってLIBORの信頼性が低下する場合には、変動金利指標として不適切であることから、LIBORの公表継続有無にかかわらず代替金利指標へと移行し、訴訟リスクや金融システム上のリスクを回避することにあった。

③ 米国法準拠契約に対するシンセティックLIBORの適用にかかる解釈

前述のとおり、米国法準拠のタフレガシーに関しては、連邦LIBOR法によって、FRB指定金利指標へとLIBOR代替日以降に自動移行することが規定された。このため、仮にシンセティックドルLIBORが構築されたとしても、米国法準拠のタフレガシーに対するシンセティックLIBORの適用可能性はないように一見見受けられた。しかしながら、連邦LIBOR法が施行されてもなお、一部のタフレガシーにおいて、シンセティックドルLIBORが適用される可能性が残存していた。

ARRCの整理では[10]、既存契約において、「公表停止前トリガーが含まれ

---

9 2022年6月にFCAが実施した市中協議では、「Our assumptions focus on US dollar LIBOR contracts not governed by US law」としている。
10 詳細は、ARRCの「LIBOR Legacy Playbook」（2022年7月11日公表）を参照。

第6章 米ドルLIBOR参照タフレガシーにかかる立法措置と残存する課題　107

ていない」、かつ、「ARRCが指定するLIBORベース以外の代替金利指標や決定権者が指定する代替金利指標に移行することが規定されているフォールバック条項が含まれている」場合に、すなわち、より典型的には、フォールバック条項に、「公表停止トリガー」を規定する一方で、「公表停止前トリガー」を規定していない既存契約では、シンセティックドルLIBORの適用可能性が残されていた。これは、2023年6月末のパネルLIBORの公表停止以降に、シンセティックドルLIBORとして公表が継続された場合、指標の実態や経済的価値が変更されるのにもかかわらず、契約上はLIBORの公表継続と解釈され得る結果、公表停止トリガーが発動せず、したがって、代替金利指標へとフォールバックしない可能性が背景にあった。つまり、トリガーが発動されなければ、既存契約ではシンセティックドルLIBORが適用されることになると考えられた。この点、「公表停止前トリガー」をフォールバック条項に含む場合には、シンセティックドルLIBORが指標性を喪失していることは定義上明らかであることから、公表停止前トリガーの発動条件を満たし、LIBOR以外の代替金利指標へと公表停止日前に移行することで混乱の回避は可能であった。

こうした曖昧性に起因するリスクとしては、例えば、パネルLIBORとシンセティックLIBORとでは、算出方法が全く異なり、契約の経済的価値に影響することから、契約当事者の明確な合意のないまま、シンセティックドルLIBORへと移行することで、訴訟リスクを不用意に高める可能性があった。

(2) ヘッジ関係にある金融商品間での代替金利指標の相違

連邦LIBOR法及びFRB施行規則案では、金融商品ごとに代替金利指標が指定されており、キャッシュ商品（対象GSE契約を除く）ではターム物SOFR、デリバティブ商品ではSOFR複利（後決め）への自動移行が提示された（前掲第2節(2)参照）。この点、キャッシュ商品A（例えば、貸出）のヘッジ取引として、特定のデリバティブ商品B（例えば、金利スワップ）を

保有している場合に、両者が連邦LIBOR法の対象となる場合には、ヘッジ関係を意図して両取引を実行していたにもかかわらず、自動移行後の金利指標が両者で相違することになると想定された。この場合、そもそも、キャッシュフローにズレが生じ得るほか、契約上のヘッジ関係の有効性にも影響が及ぶ可能性があった。私見では、全てのデリバティブ商品を対象に、特定のキャッシュ商品のカバー取引として実行されたか否かを吟味・判断することは、時間的にも技術的にも難しさはあったと思われるが、他方で、特定できる場合には、全て一律に特定の代替金利指標に移行するのではなく、例外的に、他の金利指標に移行できるスキームを用意することも一案であったと考える。例えば、キャッシュ商品のカバー取引として保有しているデリバティブ商品では、SOFR複利（後決め）ではなく、ターム物SOFRへと移行させる方法などである。

第4節 | おわりに

　本章では、米国におけるタフレガシー対応について、連邦LIBOR法やFRB施行規則案を中心に分析した。基本的に、米国法準拠のタフレガシーを念頭に置けば、同法及び同規則の規定にのっとって、大きな混乱を回避できる道筋がつけられたものと評価される。もっとも、米国法準拠以外のタフレガシーでは各法域の法律に沿った対応が求められたほか、米国法準拠のタフレガシーであっても、フォールバック条項の内容次第では、シンセティックドルLIBORの適用対象になり得る可能性が残存していた。また、ヘッジ関係にあるキャッシュ商品とデリバティブ商品が移行することとなる代替金利指標に関しても懸念は残されていた。

　2023年6月末の公表停止を前に、日本の金融機関・事業法人においても、米ドルLIBOR参照契約は相応の規模で残存していたが[11]、米国における一連の立法措置が講じられた段階で、少なくとも米国法準拠の契約におけるリス

クは大きく低減したものと評価される。

11　金融庁・日本銀行合同で実施した第 3 回LIBOR利用状況調査によると、調査対象金融
　機関全体の2021年12月末における米ドルLIBOR参照契約（2023年 6 月末に公表停止が予
　定されているテナーを参照する契約）の残高・契約件数のうち、2023年 6 月末を越えて
　満期が到来する契約は、運用サイドで1.0兆ドル・4.2万件、調達サイドで0.08兆ドル・
　75.2万件、デリバティブで14.5兆ドル・25.2万件であった。

110　第 2 部　米国における動向

第 3 部

クレジット・センシティブ・レート（CSR）に関する議論

第3部では、LIBORの代替金利指標の選択肢の1つとして登場した、ク
レジット・センシティブ・レート（Credit Sensitive Rate、以下「CSR」と
いう）について論じる。CSRとは、無担保での資金貸借にかかる信用リスク
を含む金利指標を指し、信用リスクをほぼ含まないRFRの対をなすもので
ある。なお、LIBORやEURIBOR、TIBORといったIBORs（銀行間取引金
利）型の金利指標も広義にはCSRに含まれると考えられるが、ここではCP
やCD等の市場データを活用して構築された金利指標のみをCSRと定義し（す
なわち狭義のCSR）、IBORsについては第4部で別途論じることとする。

第7章は、2022年2月の公表論文「米国におけるクレジット・センシティ
ブ・レート（CSR）の考察—本邦金融市場へのインプリケーション—」をも
とに構成している。当時、米国においても、グローバルな動きと同様に
RFRであるSOFRへの移行が大前提とはされていたものの、主に銀行界が
CSRの必要性を指摘していた。例えば、貸出市場がRFRのみに基づいて形成
された場合に、銀行の収益性に悪影響を及ぼすリスク等が念頭に置かれてい
た。一方で、英米金融当局や証券監督者国際機構（IOSCO）等の国際機構
は、CSRがLIBOR同様の構造上の欠陥を抱えていると指摘し、その利用拡
大に強い懸念を表明していた。本章では、CSR肯定派と否定派の見解を理論
的に整理し、考察した。また、米国におけるCSRに関する議論を踏まえ、本
邦金融市場への若干のインプリケーションを得ることも目的とした。

第8章は、2024年9月の公表論文「クレジット・センシティブ・レート
（CSR）に対するIOSCO原則の適用を巡る課題」をもとに構成している。第
7章で論じるように、IOSCOは、CSRに対して当初より一貫して否定的な
スタンスを示してきた。その影響もあり、最終的には、有力なCSRの1つと
して注目されていたBSBY（Bloomberg Short-Term Bank Yield Index）の
公表が停止されるに至った。本章では、IOSCOという民主的正統性が必ず
しも高くない国際機構が、判断基準・根拠、議論のプロセス等を必ずしも明
らかにはしないままに、対象となるCSRの適否を判断したことについて批判
的に論じる。国際金融市場における、国際機構によるソフト・ローの民主的

正統性については従来から論じられているが、本章は、金利指標改革という新たな視角から、具体的には、特定の金利指標に対するIOSCO原則の適用から考察を試みるものである。

第7章

米国におけるクレジット・センシティブ・レート（CSR）の考察
——本邦金融市場へのインプリケーション

第1節 | はじめに

　LIBORの公表停止は、「金融市場における2000年問題」とも形容された一大転換点であったわけだが、日本においては、日本円金利指標に関する検討委員会（以下「検討委員会」という）、日本銀行、金融庁などのイニシアチブのもとで所要の対応が進められた結果、2021年末までにLIBORからの移行対応は概ね完了した。他方で、米国においては、米ドルLIBORの主要テナーが2023年6月末まで存続することとされたため、2022年以降も引き続き、代替金利指標への移行に向けた対応が進められた。

　そうした状況にあって、米国では、代替金利指標の選択肢として、クレジット・センシティブ・レート（Credit Sensitive Rate、以下「CSR」という）に対する注目度が高まっていた。CSRとは、無担保での資金貸借にかかる信用リスクを含む金利指標を指す[1]。性質からして、信用リスクをほぼ含まないRFR、例えば、米国におけるSOFR（Secured Overnight Financing

---

1　IOSCOでは、クレジット・センシティブ・レートについて、「Credit sensitive rates are interest rate benchmarks that seek to measure the credit risk component of unsecured borrowing in certain markets (which SOFR does not contain).」としている。IOSCO, "Statement on Credit Sensitive Rates," September 8, 2021を参照。

114　第3部　クレジット・センシティブ・レート（CSR）に関する議論

Rate、担保付翌日物調達金利）の対をなすものである。米国においても、グローバルな動きと同様、RFRであるSOFRへの移行が大前提ではあったものの、主に銀行界より、貸出市場を念頭に、信用リスクを含むCSRの必要性が指摘されてきた。

　日本では、米国と比べて、CSRに対する注目度が高まっている様子はこれまでのところ見受けられない。しかしながら、米ドルの資金調達・運用に関係するのは、米国の金融機関だけではない。当然ながら、米国における代替金利指標の動向は、本邦金融機関のALMにも深く関係するトピックである。そこで本章では、米国で注目を集めるCSRについて考察していく。はじめに、CSRの概要と議論の主な発端を整理するとともに（第2節）、貸出市場がRFR（SOFR）のみに基づいて形成された場合のリスクについて考察する（第3節）。次に、CSRに対する金融当局の批判的な見解について整理し（第4節）、最後に、本邦金融市場へのインプリケーションについて考察する（第5節）。

第2節 │ CSRの概要と議論の発端

　CSRは、⑴SOFRに付加して利用するもの（以下「サプルメント型CSR」という）と、⑵LIBOR同様にそれ自体を単独の金利指標として利用するもの（以下「スタンドアローン型CSR」という）の2つに分類できる。2021年11月時点で、米国では、構築段階にあるものを含めて、複数のCSRが存在し（図表7－1）、このうち、「AMERIBOR」と「Bloomberg Short-Term Bank Yield Index（BSBY）」については、実取引で既に利用されていた[2]。特に、BSBYの利用に関しては、バンク・オブ・アメリカ（BofA）を主たるプレイヤーとして、動きが活発化していた。まず、2021年4月に、BofAよ

2　ただし、BSBYは、2021年11月末時点において、英国と欧州では利用不可であり、米国でのみ利用可能であった。

第7章　米国におけるクレジット・センシティブ・レート（CSR）の考察　115

図表 7 - 1　米国におけるCSR（2021年11月末時点）

	Bloomberg Short-Term Bank Yield Index（BSBY）	AMERIBOR Term30/Term90
運営機関	Bloomberg	American Financial Exchange（AFX）
確定値公表開始	2021年3月	2021年4月（Term 30）、2021年5月（Term 90）
タイプ	サプルメント型、スタンドアローン型	スタンドアローン型
公表テナー	ON、1M、3M、6M、12M	ON（注1）、30days、90days
算出使用データ	CP、CD、等	CP、CD、等（注2）
データの取得日数	3日間	5日間
データ不足時の最大取得日数	5日間	10日間（Term 30）15日間（Term 90）
データ種類	実取引データ、気配値データ	実取引データ

（注1）　ON（翌日物）は、AMERIBORを指す。
（注2）　AMERIBORは、米国中小銀行間の無担保の翌日物調達コストを反映し、2015年
（注3）　このほか、学識経験者を中心としたSOFR Academyも、CSRであるAXIの構築
（出所）　CSGワークショップ資料（追加セッション1）、各社公表資料より筆者作成。

り、BSBY参照の6か月物変動利付債（発行金額：10億米ドル）が初めて発行されたほか[3]、同月中には、BofAとJPモルガン・チェースとの間で、初となるBSBY参照スワップ取引（想定元本2.5億米ドルの1年物BSBY-SOFRベーシス・スワップ）が約定された[4]。また、2021年7月には、BofAが、北米最大級の輸送サービス業者であるKnight-Swift Transportation社に対し、BSBYを参照金利とした12億米ドルの1年間の無担保タームローン枠を提供

3　Bank of America, "Bank of America Announces Floating Rate Notes Issuance Referencing BSBY," April 21, 2021.
4　Bloomberg, "Bank of America, JPMorgan Enter Swaps Trade Tied to New Libor Replacement," May 3, 2021.

Bank Yield Index （BYI）	Credit Inclusive Term Rate（CRITR） Credit Inclusive Term Spread（CRITS）
Ice Benchmark Administration （IBA）	IHS Markit
未定（参考値公表済み〈2019年1月〉）	未定（参考値公表済み〈2021年6月〉）
サプルメント型、 スタンドアローン型	CRITR：スタンドアローン型 CRITS：サプルメント型
1M、3M、6M、12M	ON、1M、3M、6M、12M
CP、CD、等	CP、CD、等
5日間	1日間
10日間	5日間
実取引データ	実取引データ、気配値データ

12月から公表されている。
に着手している。

した[5]。このほか、2021年11月より、中央清算機関であるCME及びLCHにおいて、BSBY参照スワップのクリアリングが開始された。このように、米国ではBSBYの利用に広がりの兆しがみられつつあったが、米国金融当局は、BSBYの利用に対して強い懸念を表明していた（第4節参照）。

　LIBOR公表停止後の代替金利指標として、CSRが本格的に議論されるようになった発端は、2019年9月の1通のレターに遡る。本レターは、複数の地域金融機関から、米国金融当局（米国連邦準備制度理事会（FRB）、米国連邦預金保険公社（FDIC）、米国通貨監督庁（OCC））宛てに発出されたも

5　SEC, "FORM 8-K CURRENT REPORT Pursuant to Section 13 OR 15(d) of The Securities Exchange Act of 1934, Knight-Swift Transportation Holdings Inc.," July 5, 2021.

ので、信用リスクを含まないSOFRを参照した場合の貸出に関する懸念を表明する内容であった。その後、地域金融機関と米国金融当局との間で開催された面談（2020年2月）を踏まえ、SOFR参照貸出（コミットメントライン、商業用不動産融資、商工融資）に関する課題や対応策等の議論を目的として、クレジット・センシティビティー・グループ・ワークショップ[6]（Credit Sensitivity Group Workshop、以下「CSGワークショップ」という）が開催されることとなった。CSGワークショップは、ニューヨーク連邦準備銀行を事務局とし、多数の金融機関の出席のもとで開催された。次節では、全6回のCSGワークショップにおける議論を確認することで、銀行界から提示されたSOFR参照貸出にかかる論点を整理し、CSRの必要性を考察する。

第3節 　SOFR参照貸出に関する論点整理

　地域金融機関からの上記のレター、及びCSGワークショップでは、銀行界から、貸出市場においてSOFRのみを利用可能とすることとした場合のリスクが指摘された。すなわち、信用リスクを含まない金利指標に基づいて貸出市場が形成される場合のリスクと言い換えられる。具体的には、(1)SOFR参照貸出において、市場ストレスの発生時に、銀行のバランスシート（BS）上の資産サイドの運用レートと負債サイドの調達レートにミスマッチが生じるリスク、類似して、(2)コミットメントラインをSOFRベースで設定する場合において、市場ストレス発生時にミスマッチが生じる懸念とともに、付随的に、平時においても銀行の貸出スタンスが慎重化するリスクが指摘され

6　2020年6月から2021年1月にかけて、4回の正規セッションと2回の追加セッションが開催された。各セッションの発表資料や議事録は、NY連銀のウェブサイトに掲載されている。NY Fed, "Transition from LIBOR: Credit Sensitivity Group Workshops."（https://www.newyorkfed.org/newsevents/events/markets/2020/0225-2020）

た。そして、銀行サイドがこうしたリスクを回避する場合には、結果的に、銀行の信用供与機能が損なわれる可能性が示唆された。

　なお、市場ストレスの発生時を想定した上記レターの発出（2019年9月）から間もなく、奇しくも、世界はコロナ禍に見舞われ、金融市場におけるストレスの高まりが現実のものとなった。2020年6月を第1回とする一連のCSGワークショップでは、コロナショック発生時の金融機関や事業法人の資金調達行動、金融市場の動向なども踏まえた議論が展開された。

(1)　BS上のミスマッチへの懸念

　市場ストレスの発生時には、SOFR参照貸出の運用レートは低下することが予想される。これは、RFRであるSOFRの性質によるものであり、ストレス発生時における、投資家の「質への逃避（flight to quality）」[7]の結果、SOFRへの低下圧力が働く。実際、2020年3月のコロナショック以降は、FRBによる政策対応などもあり、SOFRは大きく低下したことが確認される。同様に、2023年3月のシリコンバレーバンク（SVB）破綻時にも、RFRであるTerm SOFRはSVB破綻直後に約30bp低下した一方で、BSBYは約5bp上昇した（図表7－2）。

　他方で、無担保ホールセール市場からの調達レートにおいては、信用リスク不安などから、上昇圧力が働くこととなる。この結果、資産サイドと負債サイドの参照レートが逆方向に動くミスマッチが発生し、銀行の収益悪化を招く可能性がある。この点、貸出の参照金利指標として、LIBORのように信用リスクを含むCSRを利用する場合には、資産サイドと負債サイドの参照レートが同方向に連動するため、ミスマッチの回避が可能となる（図表7－3）。

7　信用不安等が生じた際に、リスク回避のために、投資家が、より安全性が高く、より流動性の高い投資対象へと資金を振り向けることをいう。

図表7-2　各金利指標の推移

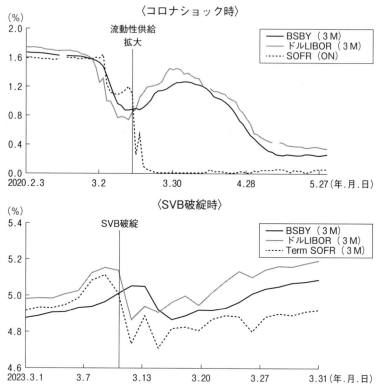

(注)　テナーにつき、SOFRは翌日物、その他は3か月物。なお、Term SOFR (3M) は、ICE Term SOFRを利用。
(出所)　FRB、IBA、Bloomberg公表データより筆者作成。

図表7−3　市場ストレス時のミスマッチ

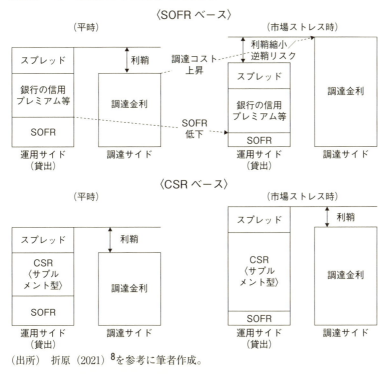

（出所）　折原（2021）[8]を参考に筆者作成。

(2) コミットメントラインに関する懸念

コミットメントラインとは、銀行と事業法人（借入人）が事前に合意した期間・借入枠の範囲内であれば、借入をいつでも可能とする貸出形態を指す。銀行サイドからみると、事業法人に対して、一定の融資の実行を事前に「コミットする（約束する）」契約となる。

銀行界は、コミットメントラインをSOFRベースで設定した場合、市場ストレスの発生時に、事業法人が資金を予防的に引き出す可能性を指摘してい

---

[8] 折原隆志「『ポストLIBOR』のドル貸出ビジネス」『週刊金融財政事情』（2021年5月25日号）22～25頁。

る。すなわち、事業法人は、事前に合意したSOFRベースでのコミットメントラインに基づいて、市場ストレス発生時にも相対的に低コストでの資金調達が可能となる。銀行は、契約の性質上、事業法人からのコミットメントラインの引き出しを拒否できない一方で、無担保ホールセール市場からの銀行自身の資金調達コストには上昇圧力が働くこととなる。この結果、BS上でミスマッチが発生し、利鞘が縮小すると銀行界は指摘する。第1回CSGワークショップでは、SOFRベース及びLIBORベースでの各々のコミットメントラインを想定した場合、市場ストレスの発生時には、SOFRベースでは銀行の収益性に悪影響を及ぼすとの簡単な試算結果が銀行サイドより示された（図表7－4）。こうしたリスクを考慮すると、平時であっても、銀行が貸出やコミットメントラインの設定に慎重になり、最終的に、信用供与機能の低下が引き起こされ得ることが示唆された。

　Cooperman et al.（2022）の研究においても、市場ストレス発生時に、銀行の資金調達コストが上昇するなかで、コミットメントラインに基づく顧客の引き出しは増加し得ることが指摘されている[9]。この点、コミットメントラインがLIBOR（すなわち信用リスクを含む金利指標）に紐付いていた際は、いわゆる「デットオーバーハング効果」もあって、ミスマッチの度合いが弱められていたことを示唆する。また、仮に顧客が引き出したとしても、当該銀行に預金として滞留する（すなわち他行に流出しない）のであれば、悪影響は緩和されるが、コロナショック局面で地銀と大手行を比べると、預金としての滞留比率は地銀の方が圧倒的に低かったことが確認されたとした。このため、RFR参照コミットメントラインに全面的に移行した場合には、地銀に対してより悪影響が出ることが示唆される。米国の地銀がCSRの必要性を逸早く主張し始めたことと整合的である。

---

[9] Cooperman, H., Duffie, D., Luck, S., Wang, Z., and Yang, Y. D., "Bank Funding Risk, Reference Rates, and Credit Supply," Federal Reserve Bank of New York Staff Reports, No.1042, December 2022.

図表7−4　参照金利指標別の利鞘の試算

〈LIBORベースの場合〉　　　　　　　　　　　　　　　　　　　　　　　（単位：％）

	前提条件	2019年4Q	2020年1Q
運用サイド	LIBOR（1M）［A］	0.60	0.95
	マージン［B］	2.00	2.00
	貸出レート［C＝A＋B］	2.60	2.95
調達サイド	LIBOR（1M）［D］	0.60	0.95
	調達スプレッド［E］	0.75	2.00
	調達レート［F＝D＋E］	1.35	2.95
	利鞘［C−F］	1.25	0.00

〈SOFRベースの場合〉　　　　　　　　　　　　　　　　　　　　　　　（単位：％）

	前提条件	2019年4Q	2020年1Q
運用サイド	SOFR（1M）［G］	0.50	0.01
	マージン［H］	2.10	2.10
	貸出レート［I＝G＋H］	2.60	2.11
調達サイド	SOFR（1M）［J］	0.50	0.01
	調達スプレッド［K］	0.85	2.94
	調達レート［L＝J＋K］	1.35	2.95
	利鞘［I−L］	1.25	−0.84

（注）　第1回CSGワークショップにおける、PNC Bank及びM&T Bankによる試算。前提
　　　条件に関するバックデータが開示されていないため、試算結果については相当な幅を
　　　もってみる必要がある点に留意。
（出所）　第1回CSGワークショップ資料より筆者作成。

第4節　CSRに対する金融当局の見解

　SOFR参照貸出に関するこうした懸念から、貸し手である銀行サイドは、
CSRの導入を強く主張した。一方で、金融当局は、CSRに対して総じて批判
的な見解を示した。その主たる理由として、⑴市場ストレス発生時に、BS

第7章　米国におけるクレジット・センシティブ・レート（CSR）の考察　123

図表 7 - 5　LIBOR-OISスプレッド（3か月物）

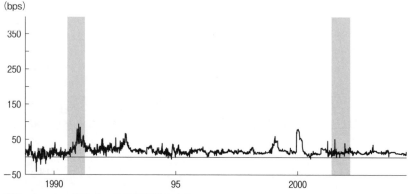

（注）　シャドー部分は、景気後退期を表す。
（出所）　Bowman (2020)、Accessible versionより筆者作成。

上のミスマッチは必ずしも発生しないこと、(2)LIBORと同様に、CSRの価値の裏付けとなる市場の流動性が十分ではないこと、の2点を指摘している。本節では、金融当局のこれらの指摘について、順に考察する。

(1) BS上のミスマッチに対する見解

　市場ストレス発生時のBS上のミスマッチ等に関して、第2回CSGワークショップにおいて、FRBスタッフが、Bowman (2020) も踏まえて見解を示している[10]。
　第1に、LIBOR-OISスプレッドの推移（図表7 - 5）を示したうえで、過去のストレス発生時に、必ずしも同スプレッドの大きな拡大が観察されたわけではないとしている。すなわち、確かに、金融危機発生時（2007〜2009年）、及びコロナショック発生時（2020年3月の数週間）には、LIBOR-OISスプレッドの拡大がみられたものの、他の景気後退局面では、必ずしも同スプレッドは拡大していないとしている。例えば、2001年の局面では、同スプ

---

[10] Bowman, D., Scotti C., and Vojtech, C. M., "How Correlated is LIBOR with Bank Funding Costs?," FED Notes, June 29, 2020.

124　第3部　クレジット・センシティブ・レート（CSR）に関する議論

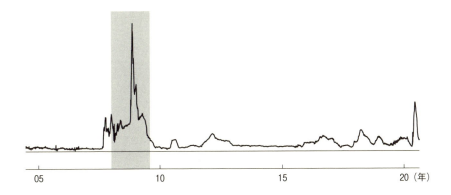

レッドの拡大はみられなかったほか、1990年代初頭（1990年7月～1991年3月）の局面では、同スプレッドは確かに拡大したものの、ごく短期間の動きであり、かつ、景気後退局面以前の水準と比較して平均20ベーシスポイント程度の拡大にとどまったことを指摘している。

第2に、銀行のBS上の負債サイドにおいて、無担保ホールセール市場からの資金調達額のシェアは徐々に縮小していることを指摘している（図表7-6）。既に広く認識されているように、金融危機以降、無担保ホールセール市場の取引量は大きく減少している。実際、2019年第3四半期において、米国のG-SIBsの負債サイドに占めるLIBOR調達額のシェアは3％弱となっている（図表7-7）。これは、金融危機以前を主とする期間（2004年第1四半期～2008年第4四半期）の同シェアが平均8％であったことを踏まえると、やや大きめの減少となっている。このため、無担保ホールセール市場からの調達コストが、銀行全体の資金調達コストに与える影響は徐々に小さくなっている。一方で、市場性調達に比べて、相対的に安定性が高い調達とされる預金での資金調達が増加している。こうした傾向は、G-SIBs以外の銀行でも同様に確認される。

図表7-6　G-SIBsの負債サイドの構成額

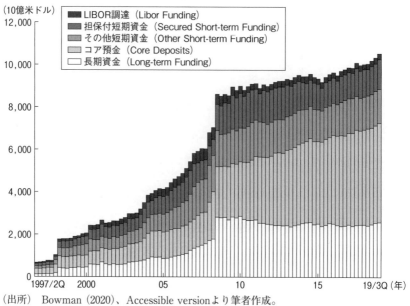

（出所）　Bowman (2020)、Accessible versionより筆者作成。

図表7-7　G-SIBsの負債サイドにおけるLIBOR調達比率の推移

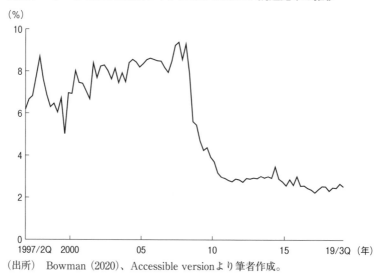

（出所）　Bowman (2020)、Accessible versionより筆者作成。

資金市場でのこうした変化を踏まえて、FRBスタッフは、金融危機発生前後で３つの局面（金融危機前：2001年第３四半期～2006年第２四半期、金融危機時：2006年第３四半期～2011年第２四半期、金融危機後：2014年第３四半期～2019年第２四半期）を設定し、G-SIBsの資金調達コストの変化と、LIBOR、SOFR（前決め複利）、SOFR（後決め複利）、EFFR OISレートとの相関を分析している。この結果、G-SIBsの全体の資金調達コストとLIBORの相関は、比較対象とした他のレートと比べて必ずしも高くなく、また、この傾向は、金融危機時であっても同様であったとしている（図表７－８）。こうした点などから、市場ストレス発生時に銀行の資金調達コストが増加するとの見方に対して懐疑的な見解を示している。

図表７－８　G-SIBsの資金調達コストと各金利指標との相関係数

	LIBOR	SOFR複利 （前決め）	SOFR複利 （後決め）	EFFR OIS
金融危機前 （2001年3Q～2006年2Q）	0.89	0.82	0.87	0.90
金融危機時 （2006年3Q～2011年2Q）	0.58	0.69	0.35	0.61
金融危機後 （2014年3Q～2019年2Q）	0.58	0.47	0.71	0.73

（注）　各金利指標のテナーは、いずれも３か月物。
（出所）　第２回CSGワークショップ資料より筆者作成。

　次に、SOFRベースのコミットメントラインの引き出しに関する懸念について、第２回CSGワークショップでは、コロナショック発生時（2020年３～４月）のケースを分析したうえで、銀行界の懸念したシナリオが発生しなかったことを示している。具体的には、米国における、コミットメントラインの引き出しを含む銀行貸出と、コア預金の各々の増加額を比較している。この結果、確かに、コロナショックの発生でコミットメントラインの引き出しを含む貸出額は増加したものの、コア預金の増加額の方が大きかったことが確認される（図表７－９）。すなわち、銀行は、市場性調達に比べて低コ

第７章　米国におけるクレジット・センシティブ・レート（CSR）の考察　127

ストであるコア預金での資金調達が可能であったとの見方を示している。ただし、コロナショックの時点ではSOFRベースでの貸出はほぼ皆無であると想定されること、市場ストレス時の米ドル資金市場の動向は、FRB等の政策運営に左右されることなどには留意する必要があると考えられる。

図表7－9　貸出と預金の増加額の比較

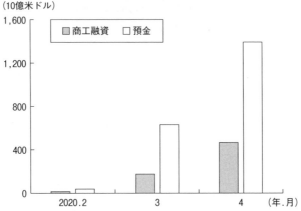

（注1）　集計対象は、「Domestically chartered commercial banks」（米国内で設立された商業銀行）。貸出は「Commercial and industrial loans」（商工融資）、預金は「Deposits」を集計。
（注2）　2020年1月時点からの累積増加額を示す。
（出所）　FRBより筆者作成。

このほか、借り手である事業法人サイドからも、第3回CSGワークショップにおいて、コミットメントラインの利用に関する銀行界の見解をやや疑問視する指摘がみられた。具体的には、事業法人サイドの参加者の多くが、一般論として、コミットメントラインに紐付く金利指標自体は、引き出しを決定するための主たる決定要因ではないと指摘した。むしろ、その時々の事業環境や手元資金の流動性を考慮したうえで、コミットメントラインの引き出しにかかる経営判断をしているとした。

⑵　CSRの裏付け市場の流動性に対する見解

　金融当局からは、CSRの裏付け市場の流動性が乏しいことについて、LIBOR同様の欠陥であるとして、強い懸念が示された。第２回CSGワークショップでは、CSRの主たる裏付け市場であるCP市場の流動性に関して、FRBスタッフの分析が示されている。

　まず、米国CP市場において、満期１か月以上のCPに関しては、平時においても流動性は低くなっている。具体的には、2020年上半期における、CP（３か月物）の１日当たり取引金額（中央値）は10億米ドル未満であり、また、同期間の半数程度の取引日において、ハーフィンダール・ハーシュマン指数（HHI）[11]が非常に高くなっていることから、取引参加者が偏っている可能性を示唆している（図表７－10）。そして、コロナショック発生時には、こうした傾向が一層強まったことが示された。すなわち、2020年３月の市場データを確認すると、１日当たり取引金額（中央値）は２億米ドル程度、取引参加銀行数（中央値）は３行にまで落ち込むこととなった。また、取引レートについても、取引参加銀行間で相当程度の乖離が生じていたことが示された。

図表７－10　米国CP市場（３か月物）の動向

		取引件数	取引参加銀行数	取引金額	HHI
2020年上半期					
	平均値	23	7	1,009	0.30
	中央値	21	7	873	0.24
2020年３月					
	平均値	10	3	435	0.60

11　市場の集中度を測る指標。HHIは、ある事業分野が独占状態にあるときは１となり、完全競争状態に近いほど０に近づく。

| | 中央値 | 5 | 3 | 214 | 0.52 |

（注）　取引金額の単位は、100万米ドル。
（出所）　第 2 回CSGワークショップ資料より筆者作成。

　CSRの裏付け市場の流動性に対する懸念は、2021年 9 月、証券監督者国際機構（IOSCO）からも表明されている。IOSCOは、「頑健性の高い金利指標」が満たすべき要件として、金利指標に関するIOSCO原則（19原則）[12]のうち、原則 6 と原則 7 の遵守の重要性を強調している。すなわち、金利指標と裏付け市場の関係性について、原則 6 では、「指標の設計にあたっては、指標を参照する市場における取引量との関係での、当該指標の基礎となる市場（underlying market）の相対的な規模などを考慮すること」、原則 7 では、「指標の決定に使用するデータは、指標が計測する『価値』を正確かつ高い信頼性をもって反映するのに十分であること」などを求めている。IOSCOは、こうした要件を提示したうえで、裏付け市場の流動性が十分ではないCSRを利用する場合には、LIBORの失敗が繰り返されることになるとの懸念を示し、CSRの利用に強く警鐘を鳴らしている[13]。IOSCOがこうした見解を表明したステートメントのなかでは、イングランド銀行のベイリー総裁や、ニューヨーク連邦準備銀行のウィリアムズ総裁からも、CSRの利用に対する懸念や、頑健な金利指標への移行の重要性が改めて表明されている。

　このように、国際機関や金融当局のトップから、CSRに対する懸念が相次いで表明されているが、とりわけ、米国証券取引委員会（SEC）のゲンスラー委員長は、CSRを強く批判している。2021年 9 月の講演[14]では、LIBOR同様の「逆ピラミッド問題（inverted-pyramid problem）」（図表 7 -11）を内包しているとして、BSBYを名指しで批判した。逆ピラミッド問題とは、

12　金融庁「IOSCO（証券監督者国際機構）金融指標に関する原則の最終報告書（抄訳）」（2013年12月25日）。

13　IOSCO・前掲注 1 参照。

14　Gensler, G., "Remarks Before the Alternative Reference Rates Committee's SOFR Symposium," September 20, 2021.

130　第 3 部　クレジット・センシティブ・レート（CSR）に関する議論

僅少な裏付け取引（場合によっては専門家判断）に基づく金利指標が膨大な金融取引で利用される構造的な問題を指す[15]。講演において、ゲンスラー委員長は、BSBYがCP市場を主たる裏付け市場の１つとしていることを念頭に、コロナショック時に米国CP市場が一時的に機能不全に陥ったことを指摘している。更には、「BSBYがIOSCO原則に準拠しているとは考えていない」旨まで明確に表明した[16]。

---

15 逆ピラミッド問題につき、例えば、Dudley, W. C., "The Transition to a Robust Reference Rate Regime," Bank of England's Markets Forum, p.2を参照。(https://www.bis.org/review/r180619a.htm)

16 ゲンスラー委員長は、「I don't believe it［筆者注:BSBY］meets IOSCO's 2013 standards.」と言及した。この発言は、講演に先立つ2021年４月に、Bloomberg社が、BSBYはIOSCO原則に準拠している旨を公表したことに対する牽制と考えられる。Bloomberg社の見解は、以下の資料を参照。

Bloomberg, "Bloomberg Short-Term Bank Yield Index," July 1, 2021.

Bloomberg, "Bloomberg Confirms its BSBY Short-Term Credit Sensitive Index Adheres to IOSCO Principles," April 6, 2021.

図表7−11 逆ピラミッド問題（*inverted-pyramid problem*）の構図

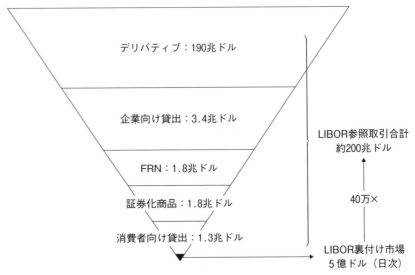

（注1） 金融商品別のエクスポージャーは2016年末時点。
（注2） LIBOR裏付け市場の取引量は、2016年10月15日〜2017年6月30日を対象期間とした、FRBによる推計値。
（出所） 米国検討委員会（ARRC）公表資料[17]より筆者作成。

第5節 本邦金融市場へのインプリケーション

　前節までは、米国におけるCSRの議論を考察し、銀行サイド及び金融当局サイドの見解を整理した。米国と比較すると、日本ではCSRへの注目度が高まっている様子は見受けられないが、本節では、米国におけるCSRの議論から、本邦金融市場へのインプリケーションを考察していく。

17　ARRC, "SOFR Starter Kit Part I: Background on USD LIBOR," August 7, 2020, p.1を参照。

(1) 日本における"CSR"

　米国におけるCSRについて、第2節では、①サプルメント型CSR、及び②スタンドアローン型CSRに分類した。この点、日本では、①サプルメント型CSRは構築されていないものの、②スタンドアローン型CSRについては、広義には、いわゆるIBORsとして、従来から、東京銀行間取引金利（TIBOR）が存在する。本稿では、IBORsの信頼性・頑健性に関する議論には立ち入らないが、ここでは、TIBORの動向について、簡単に確認したい。日本円TIBOR（3か月物）の推移をみると、コロナショックの局面においても、特段の変化は観察されず、円LIBORとは異なる動きであったことが確認される（図表7-12）。ただし、円LIBORと日本円TIBORでは、指標算出の元データを提出するパネル行などが異なっているため、単純な比較はできない点には留意が必要である。

図表7-12　円LIBORと日本円TIBORの推移

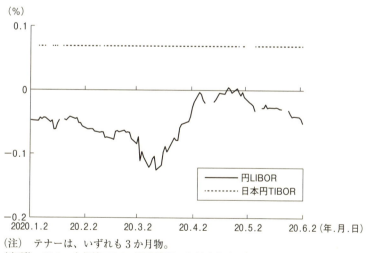

（注）　テナーは、いずれも3か月物。
（出所）　IBA、全銀協TIBOR運営機関より筆者作成。

　次に、日本における取引主体別のIBORsに対するスタンスを考察するために、検討委員会が公表した「『日本円金利指標の適切な選択と利用等に関す

る市中協議』取りまとめ報告書」（2019年11月）をみていく。本取りまとめ報告書では、貸出にかかる代替金利指標として、ターム物RFRを選好する意見が最も多く、次いで、TIBORを選好する意見が多かったとしている。この点、市中協議に回答した先の業種別に回答を分析すると、業種間で異なる選好がみられる。具体的には、事業法人や証券会社、機関投資家は、ターム物RFRを、銀行等は、TIBORを選好する意見が多くみられた（図表7－13）。本取りまとめ報告書では、TIBORの利用について、銀行等からは、日本での貸出金利として既に定着しており、現行の事務・システムとの親和性が高いとの意見があったとした一方で、事業法人を中心に、円 LIBORとの金利水準の違いやデリバティブ取引によるヘッジが難しいこと等を理由に、慎重なスタンスを示す意見が多くみられたことを指摘している。こうした内容を踏まえると、米国と同様に、銀行業界はTIBOR（広義のCSR）の利用に積極的な様子が見受けられる一方で、事業法人等からの支持は広がっていないように推測される[18]。

18　ただし、調査時点の2019年8～9月以降に、米国でCSRに関する議論が活発化したことを踏まえれば、その後の本邦市場参加者の選好とは必ずしも一致しない可能性がある点には留意。

図表7-13　貸出における代替金利指標の選好

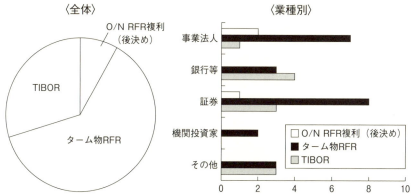

(注)　ターム物RFRは、「ターム物RFR金利（スワップ）」と「ターム物RFR金利（先物）」の合計を表す。
(出所)　検討委員会より筆者作成。

(2) 外貨ベースのコミットメントラインの引き出し

　第3節で整理したとおり、米国では、銀行界から、市場ストレス発生時のコミットメントラインの引き出しに関する懸念が指摘された。この点、第4節において、コロナショックの局面では、米国の銀行は、市場性調達よりも低コストである預金流入による資金調達が可能であったとのFRBスタッフの見解を示した。また、事業法人サイドの見解として、コミットメントラインの引き出しに関する意思決定にあたっては、事業環境や手元の流動性を考慮していることを紹介した。

　CSRへの注目度がそれほど高まっていない日本においては、こうしたコミットメントラインを巡る議論は、特に発生していないように見受けられる。しかしながら、コロナショック発生時に本邦金融市場で観察された資金調達の動向は、むしろ、米国よりも日本で重要な論点として認識されるべき可能性があることを示唆している。

　コロナショック発生時の日本における外貨資金の流出入について、青木ほか（2021）に沿って、整理していく[19]。まず、日本では、コロナショックの

発生によって、コミットメントラインの引き出しを含めた外貨の貸出が急増した。この点、邦銀からコミットメントラインを引き出した非日系企業が、その資金を邦銀の預金口座ではなく、メイン行である米銀等の決済性口座に積み上げた可能性を指摘している。実際、コロナショック時の米銀の預金残高の推移をみると、預金残高が急増していることが確認される（図表7－14）。一方で、邦銀の預金残高には大きな変化は観察されなかったとしている。この背景として、事業法人が、市場ストレス時における急な支払等への備えとして、決済性口座を有するメイン行に資金を集中させる傾向を指摘している。

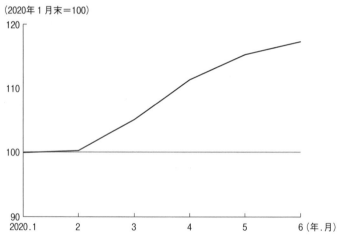

図表7－14　米銀の預金残高の推移

（注）「Domestically chartered commercial banks」（米国内で設立された商業銀行）における「Deposits」（預金残高）を集計。
（出所）青木ほか（2021）を参考に、FRBより筆者作成。

　仮に、邦銀がRFRベース（SOFRベース）で米ドル貸出を実行した場合には、資金サイドと運用サイドでミスマッチが生じる可能性がある。邦銀に限らず、一般に、銀行が母国通貨以外（ここでは米ドル）の預金の受入れを増

19　青木凌、安徳久仁理、福島駿介、八木智之、渡邊真一郎「最近の大手行の外貨資金繰り運営―新型コロナウイルス感染症拡大の影響を中心に―」『日銀レビュー』2021-J-12.

やすことは容易ではない。このため、米国で銀行サイドから指摘された資産サイドと負債サイドのミスマッチ、あるいは、ミスマッチ発生を考慮した信用供与機能への影響は、邦銀でこそ重要な論点となる可能性がある。もちろん、日本銀行による米ドル資金供給オペレーションなどの各種ファシリティが存在するため、邦銀の外貨資金繰りに即座に支障が生じる可能性は低いと考えられるが、潜在的なリスクとして認識する必要がある。

第6節 ｜ おわりに

　本章では、米国で注目を集めるCSRの必要性について、銀行界及び金融当局の見解を対比しつつ、考察を試みた。CSRに対する米国金融当局のややネガティブなスタンスを踏まえれば、CSRの利用が市場で今後どの程度広がっていくかは見通し難い。他方で、一連のCSGワークショップ後に米国金融当局から発出されたステートメントでは、参照金利の選択も含めて、商業貸出に関する条項は貸出人と借入人との間で交渉・決定されるべきものであるとしている。このため、米国では、CSRの利用に関して、様々な取引主体を巻き込みつつ、議論が継続していくものと考えられる。日本の金融機関にとっても、米ドルの資金調達・運用に関する動向は、適切なALMの観点から重要なトピックある。引き続き、その動向を注視していくことが肝要である。

第7章　米国におけるクレジット・センシティブ・レート（CSR）の考察　137

第**8**章

クレジット・センシティブ・レート（CSR）に対するIOSCO原則の適用を巡る課題

第1節 ｜ はじめに

　国際金融市場においては、ポストLIBOR時代の主たる金利指標として、RFRが想定されている。こうしたなか、米国では、主に貸出商品での活用を念頭に、RFR以外の選択肢として、クレジット・センシティブ・レート（CSR）[1]を巡る議論が行われてきた。銀行業界（特に地銀）がCSRを支持する一方で、金融当局や証券監督者国際機構（IOSCO）などの国際機構は、指標の頑健性の観点で望ましくないとして、金融市場におけるCSRの広範な活用に対して一様に警戒感を示してきた。このような状況のなか、2023年7月、IOSCOは、一部のCSRが金利指標に関するIOSCO原則（19原則）[2]に準拠しないとの認識を表明した。IOSCO原則は、法的拘束力を欠く規範（ソフト・ロー）でありながらも、国際金融市場における事実上の規範・基準と

1　CSRの訳語につき、特にコンセンサスはない模様であるが、例えば、飯島慎太郎、細川朋道、小田剛正、田尾一輝「LIBOR 公表停止後のドル調達プレミアムのモニタリングにおける留意点について」『日銀レビュー』2022-J-3では「金融機関の信用リスク等に感応的な金利指標」としている。

2　IOSCO, "Principles for Financial Benchmarks Final Report," July 2013, pp.9-29.
　なお、IOSCO原則の仮訳である、金融庁「IOSCO（証券監督者国際機構）金融指標に関する原則の最終報告書（抄訳）（仮訳）」（2013年）も併せて参照。

して強く拘束力が働いており、当該金利指標がIOSCO準拠であるか否かは、市場参加者の選択に大きな影響を与える。IOSCOによる表明の後、CSRであり名指しで強く批判されていたBSBY（Bloomberg Short-Term Bank Yield Index）の公表が停止されることとなった。

　以上の前提事実を踏まえ、本章の主たる問題意識は次のとおりである。まず、IOSCOという民主的正統性が必ずしも高くない国際機構が、判断基準・根拠、議論のプロセス等を必ずしも明らかにはしないままに、対象となるCSRの適否を判断したように見受けられる。その結果、市場参加者の自由な金利指標の選択をともすれば歪め、事実上のルール・メイキングを行った今次対応は果たして妥当なのであろうか。国際金融市場における、国際機構によるソフト・ローの民主的正統性については従来から論じられているが、本章は、金利指標改革という新たな視角から、具体的には、特定の金利指標に対するIOSCO原則の適用から考察する試みである。LIBOR停止という金融史上の一大転換点を経たなか[3]、ひいては、今後の金利指標の利用にかかる規範・基準形成のあり方に対する更なる検討の一助とすることを目的とする。なお、予め強調する点として、本章はIOSCO等によるソフト・ローの設定自体を直ちに問題提起する趣旨ではない。むしろ、国際金融市場におけるソフト・ローの役割は重要であると考えている。本章は、あくまでもCSRに対する今次対応を個別具体的に批判的に検討する趣旨である。以下、客観的な市場データを踏まえつつ、法経済学的な観点から考察を進めていくこととしたい。

3　LIBOR移行対応は、金融市場の「Y2K」（2000年問題）と準えられた。例えば、Sandor, R., "Post-Libor, Banks Benefit from More Choice," ABA Banking Journal, American Bankers Association, 114(3), 2022, p.17参照。

第2節 | CSRに対するIOSCOの対応

　前章（第7章）で概観したとおり、金融当局は、CSRに対して総じて批判的な見解を示してきた。本節では、BSBYの存亡に決定打を与えたとみられる、2023年7月のCSRに対するIOSCOの対応や、その前後におけるBSBYの変遷を中心に整理する。

(1) IOSCOレビュー

　2022年12月、FSB（金融安定理事会）は、金利指標改革に関する進捗報告書（以下「FSB進捗報告書」という）のなかで、IOSCOによるCSR及びTerm SOFRに対するレビューの実施に言及した[4]。レビューでは、比較対象をSOFRに設定したうえで、2022年6月末までの12か月間をレビュー対象期間とし、IOSCO原則6（指標の設計）、原則7（データの十分性）、原則9（指標決定の透明性）に照らして、各指標を評価する枠組みとした。

　本レビューの結果は、米ドルLIBORの公表停止から4日後の2023年7月3日付の声明文（以下「レビュー結果声明文」という）にて公表された[5]。なお、レビュー結果声明文では、CSRの具体的名称は列挙されなかったが、FSB進捗報告書を踏まえれば、BSBYとAMERIBORが想定されていることに異論の余地はないだろう。レビュー結果の最重要ポイントとしては、一部のCSRには、金融当局の懸念する「逆ピラミッド問題」が存在すると明確に確認したことである。まず、CSRの主たる裏付け市場となるCP・CD市場には流動性リスクがあるため、十分な頑健性・信頼性が確保されていないと結論付ける。更に、極めて少数の取引への依存等に起因するボラティリティ

---

[4]　レビューの対象となる金利指標として、BSBY、AMERIBOR、CME Term SOFR、IBA Term SOFRを列挙した。FSB, "Progress Report on LIBOR and Other Benchmarks Transition Issues: Reaching the Finishing Line of LIBOR Transition and Securing Robust Reference Rates for the Future," December 16, 2022, p.7を参照。
[5]　IOSCO, "Statement on Alternatives to USD Libor," July 3, 2023を参照。

は、IOSCO原則を充足する可能性が低いとしたうえで、市場ストレス時には、当該市場の流動性は一層低下する傾向を示すとする。そして、裏付けとなる取引量の僅少さは、気配値の使用とあいまって、金利指標の不正操作リスク[6]を高める可能性もあると指摘する。こうした点を踏まえ、IOSCOは、CSRの利用に関して、「本レビュー結果に基づき、指標運営機関及び監査人・独立コンサルタントは、該当のCSRがIOSCO原則に準拠している（IOSCO-compliant）との表明を控えるべき」旨を勧告した。そのうえで、本レビューの内容・勧告にもかかわらず、市場参加者がCSRの利用を検討する場合には、指摘されたリスクを考慮し、慎重に進めるべきであると強調し、CSRの利用開始前に関係当局に照会するよう促している[7]。このように、CSRの利用自粛を強く求める内容となっている[8]。

　レビュー結果声明文が、従前より名指しで批判されることの多かったBSBYに対して与えた影響は大きかったものと推測される。声明文リリース後の2023年7月初旬を境に、BSBY参照取引は激減し（詳細後述）、最終的には、2023年11月に、BSBYの公表停止が決定されるに至った。

(2) BSBYの終焉

　はじめに、2021年3月の公表開始以降、BSBYが市場でどのように活用されてきたのか簡単に確認したい。BSBYの利用に関しては、公表開始当初、バンク・オブ・アメリカ（BofA）に積極的な動きがみられた。まず、2021年4月に、BofAより、BSBY（1か月物）参照の6か月物変動利付債（発行金額：10億米ドル）が初めて発行された[9]。同月中には、BofAとJPモルガ

6　そもそも、金利指標改革の発端となったLIBOR問題とは、一部のパネル行による金利指標（LIBOR）の不正操作に起因する。LIBOR不正操作の態様やその詳細について、例えば、森下哲朗「LIBOR不正操作問題と国際的な対応」『金融法務事情』No.1999（2014年）、8頁参照。

7　主に米国市場における一部の市場参加者が、特に貸出商品においてCSRを利用している現状を踏まえた内容となっている。

8　FSB, "Final Reflections on the LIBOR Transition," July 28, 2023 は、IOSCOによるレビュー結果声明文を支持する旨を示している。

第8章　クレジット・センシティブ・レート（CSR）に対するIOSCO原則の適用を巡る課題　141

ン・チェースとの間で、初となるBSBY参照スワップ取引（想定元本2.5億米ドルの1年物BSBY-SOFRベーシス・スワップ）が約定された[10]。また、2021年7月には、BofAが、北米最大級の輸送サービス業者であるKnight-Swift Transportation社に対し、BSBYを参照金利とした12億米ドルの1年間の無担保タームローン枠を提供した[11]。このほか、2021年11月より、中央清算機関であるCME及びLCHにおいて、BSBY参照スワップのクリアリングが開始されることとなった[12]。

　以上のように、BSBYの利用に拡大の兆しがみられたことから、米国金融当局は、BSBYを含むCSRの利用に対して強い懸念を相次いで表明したものと考えられる。そして、金利指標の事実上の世界標準を規定するIOSCOのレビュー結果を境に、従前より金融当局から特に強く批判されていたBSBYは取引量を減少させた。データとして確認できるBSBYスワップの取引件数を確認すると、レビュー結果声明文以前の2023年6月までは、約60〜120件／月で推移していたところ、7月以降、7月：13件、9月：11件と大きく減少した[13]。なお、想定元本ベースでは、2022年1月（130億米ドル）・2月（100億米ドル）をピークに、2022年9〜12月には10億米ドル以下まで減少していたことから[14]、既に下火であったところにIOSCOのレビューが決定打となって、BSBYは事実上終焉した。公表主体であるBloomberg社は、2023

9　Bank of America, "Bank of America Announces Floating Rate Notes Issuance Referencing BSBY," April 21, 2021を参照。

10　Bloomberg, "Bank of America, JPMorgan Enter Swaps Trade Tied to New Libor Replacement," May 3, 2021を参照。

11　SEC, "FORM 8-K CURRENT REPORT Pursuant to Section 13 OR 15(d) of The Securities Exchange Act of 1934, Knight-Swift Transportation Holdings Inc. ITEM 1.01." を参照。

12　CSRを債券市場や貸出市場で広範に採用するには、ヘッジ取引実行の観点から、デリバティブ市場を並行して発展させる必要があると指摘される。例えば、PwC , "LIBOR Transition Market Update April 16-30 2021," p.3参照。

13　Khwaja, A., "Term SOFR and BSBY Volumes – October 2023," Clarus Financial Technology, October 24, 2023を参照。

14　Khwaja, A., "Term SOFR and BSBY Volumes in 2022," Clarus Financial Technology, February 7, 2023を参照。

142　第3部　クレジット・センシティブ・レート（CSR）に関する議論

年9月13日、BSBYの公表停止に向けた市中協議の実施を発表した[15]。そして、その約2か月後、2024年11月15日限りでの公表停止が発表された[16]。AXIや、BSBYと同様に事実上名指しされたAMERIBORは公表継続の方針を表明しているが、IOSCO原則非準拠の金利指標が、金融市場でどの程度利用されていくのかは不透明である。

このように、BSBYの終焉に対して、金利指標における事実上の世界標準を設定するIOSCOの対応が大きな影響を与えたと思料される。次節では、国際金融市場におけるIOSCOの位置付けをまずは確認する。

第3節 | 国際金融市場におけるIOSCOの位置付け

(1) IOSCO基準・規範の性質

IOSCOは、世界各国・地域の証券監督当局や証券取引所等から構成されている国際的な機関である。日本からは、金融庁、経済産業省及び農林水産省が正会員（Ordinary Member）として、証券取引等監視委員会が準会員（Associate Member）として、日本証券業協会、日本取引所グループが協力会員（Affiliate Member）として、それぞれ加盟している[17]。

原田（2012）は、国際金融市場規制における政策形成過程の特色として、条約等に基づく国際法上の法人格を持つ組織ではない国際的組織体（すなわち、IOSCO等の国際機構）が政策形成の実質を担っていることにあると指

---

15 商業上の観点で検討した結果、BSBYの利用が限定的であり、今後も大幅な成長は見込めず、金利指標として十分に利用されないであろうことが言及されている。Bloomberg, "Consultation on the Proposed Cessation of the Bloomberg Short-Term Bank Yield Index（"BSBY"）," September 13, 2023.

16 Bloomberg, "Future Cessation of the Bloomberg Short-Term Bank Yield Index（"BSBY"）," November 15, 2023を参照。

17 日本証券業協会「自主規制関連用語集」（https://www.jsda.or.jp/shijyo/seido/jishukisei/words/0005.html）

摘する[18]。これらの組織は、インフォーマルな組織であるにもかかわらず、国際金融市場規制に対して極めて強い影響を与える政策基準を策定しているのである[19]。なお、インフォーマルであるがゆえに、IOSCOによる規範・基準に法的拘束力はない。原田（2011）は、IOSCOやバーゼル銀行監督委員会（BCBS）等に参加しているのは各国の行政機関の職員であり、国民からの直接の選任関係にはないため、国際金融市場規制法上の重要な諸決定は、伝統的な意味での民主的正統性（特に人的な正統性）の調達なしになされているとする[20]。このように、国際金融市場では、民主的正統性の低いインフォーマルな国際機構による、法的拘束力を欠く規範・基準（ソフト・ロー）に事実上の拘束力が働き、重要な機能を有している[21]。

　ここで、IOSCOによる規範・基準は法的拘束力を欠くことから、当該規範に服するか否かは市場参加者の任意に委ねられているため、民主的正統性の程度は問題ではないとの見方があり得る。この点に関して、Black and Rouch（2008）は、次の4点を指摘する[22]。第1に、私的規範（private standards）は、確かにソフト・ローではあるが、実際には必ずしも自発的（voluntary）に遵守する性質のものではないとする。実務上の標準として遵守が要求されることもあり、仮に遵守しない場合には他の市場参加者から排除される可能性もあると指摘する。第2に、ソフト・ローは、ハード・ロー化する（harden）可能性がある。つまり、司法審査上で、ソフト・ローに基づく市場慣行を考慮する、あるいは、各国の法制度にソフト・ローが組み込まれていくことがある。第3に、特に業界団体が設定した基準は、当該団

18　原田大樹「政策実現過程のグローバル化と公法理論」『新世代法政策学研究』Vol.18（2012年）、245頁。

19　*Ibid.*

20　原田大樹「本質性理論の終焉？─国際金融市場規制を素材として」『新世代法政策学研究』Vol.11（2011年）、275～276頁。

21　国際金融におけるソフト・ローの拘束力については、例えば、久保田隆『国際取引法講義［第3版］』（2021年）、58～61頁。

22　Black, J. and Rouch, D., "The Development of the Global Markets as Rule-makers: Engagement and Legitimacy," Law and Financial Markets Review, Volume 2, Issue 3, 2008, pp.223-224.

体のメンバー等に限定されることなく、市場に広く浸透し、ハード・ローとしての規制介入を代替するものとして公的部門が当該基準の採用を関係者に促す可能性もある。第4に、市場参加者の相当数が特定の業務運営方法を選択した場合、それが他の市場参加者、政府、消費者といった外部者（outsiders）に重要な影響を与える可能性がある[23]。

上記の第2の観点（ハード・ロー化の可能性）に関連して、IOSCO等の民主的正統性の低い国際機構の規範・基準を各国が国内法化する場合には、その立法過程において、国民を淵源とする民主的決定を行うから手続的正統性の問題は生じないとの見方もあり得るだろう。この点について、山本（2021）は、個々の国が国民の民主的意思により主体的・能動的に、国際的な機関の決定を形成し、その決定を受容するか否かを決定することができるとは限らないと指摘する[24]。また、そもそも、国際公益を保護・実現する決定を、一国が民主的に承認したことのみにより正統化[25]できるわけでもないとする。したがって、一国のレベルにおける民主的正統化の重要性は否定されないとしても、それだけでなく、国際的な平面において国際公益に関する決定を行う組織・手続そのものの正統性も考える必要があることを指摘している[26]。

以上を小括すれば、①IOSCOは民主的正統性の低い国際機構であり、②

---

23 *Id.,* p.224. 外部性の創出は、間接的に影響を受ける人々が、ルールの内容について発言権を持つべきか否かという問題も提起すると指摘される。外部性の具体例として、銀行に対する資本規制がある。BCBSによる資本規制は、銀行業務に直接的な影響を及ぼし、その結果、信用危機が示すように、消費者や事業法人にも重大な影響を及ぼす可能性がある。なお、日本における、事業者団体等による自主規制規則の外部効果につき、山本隆司「銀行監督行政の手続法構造」『金融研究』第40巻第2号（2021年）、23頁。

24 山本・前掲注23・7頁。行政法の国際化・グローバル化に関して論じられる公法学上の根本的な問題の1つは、国際的な平面で行われ、究極的には民主政国家の国民に対し効果をもつことになる国際公益に関する決定が、民主的正統化を欠くことをどのように考えるか、という点であったと指摘する。

25 *Ibid.*「正統化」とは、ある主体の決定を他の主体に対しても公益に関する決定として法的に主張し実現できるようにすることを意味する。

26 *Ibid.* 一国の平面と国際的な平面という2つの平面を包含する「二重の民主政」「二重の民主的正統化」を考える必要がある。

第8章　クレジット・センシティブ・レート（CSR）に対するIOSCO原則の適用を巡る課題　145

その設定する規範・基準は法的拘束力を欠く。③法的拘束力を欠く点で民主的正統性を問題としない、あるいは、国内法化の過程で民主的正統性の欠損が補完されるといった見方もあり得るが、④実質的には、その規範・基準を遵守させる事実上の拘束力が強く働いており、⑤IOSCOの規範・基準に内在する民主的正統性の問題は容易には治癒され難いと考えられる。IOSCOの今次対応を評価していくにあたり、次項では、インフォーマルな機関によるソフト・ローのメリットを確認する。

(2) インフォーマルな機関によるソフト・ロー構築のメリット

　ここで再度強調したい点として、本章は、IOSCO（あるいは他のインフォーマルな機関）によるソフト・ローの設定自体を直ちに問題提起する趣旨ではない。むしろ、ソフト・ローによる国際金融市場の規範・基準設定にはメリットがある。Karmel and Kelly（2009）は、証券規制分野でソフト・ローが多用される背景として、資本市場の急速な進展に対処する観点で、ソフト・ローの有する①スピード、②柔軟性、③専門性のメリットを指摘する[27]。一般に、ソフト・ローは市場参加者のコンセンサスに基づくため、法令よりも情報量が多く、より効果的であることが多いとされる。更に、各国議会は金融市場への介入に慎重な場合が多く、市場や投資家を脅かす問題にどう対処するかについては市場関係者以上に意見が分かれることが多々あるし、国際的な規制機関では証券市場の適切な規制について合意することは更に困難であり、条約が締結されても各国で法制化されるまでには時間がかかりすぎると指摘する[28]。また、森下（2015）は、金融取引の分野では、国家が制定する法以外に各種の業界団体（全国銀行協会、日本ローン債権市場協会、ISDA等）が作成した取決めが存在し、重要な役割を果たしていることを指摘する[29]。そのメリットの1つとして、例えば、業界団体による標準契

---

[27] Karmel, R. S., and Kelly, C. R., "The Hardening of Soft Law in Securities Regulation," Brooklyn Journal of International Law, Volume 34, Issue 3, 2009, p.885.

[28] *Ibid.*

約書等の見直しが、国家による新たな規制に向けた動きを牽制する、すなわち、国家による規制がなくても、市場参加者自身で十分に規律可能であることを示す役割を果たすという視点を提示する[30]。

　金融市場におけるソフト・ローのメリットとして、上記のいずれの指摘にも深く首肯する。専門性が高く、変化の激しい金融市場の性質を勘案すれば、全てをハード・ローで規制することは現実的ではないだろう。したがって、ソフト・ローによって金融市場を実質的に規律付けする枠組み自体は有効であると考える[31]。問題意識としては、ソフト・ローの有用性を認めつつも、一定の規範・評価項目に照らして、当該ソフト・ローの「正統性（legitimacy）」が欠如する／あまりにも低い場合には、事実上の行為規範として成立させるべきではないのではないか。そして、CSR（特にBSBY）を"狙い打ち"にしたIOSCOの今次対応は、許容すべき正統性のラインを下回っているのではないだろうかという点にある。次節では、民主主義社会における国際金融市場のルールとして許容できる正統性の規範・評価項目を定立し、CSRに対するIOSCOの今次対応へ当てはめて検討する。

第4節　正統性の評価

(1)　評価のフレームワーク

　Karmel and Kelly（2009）は、結局のところ、正統性とは人々の認識の問

29　森下哲朗「団体による標準契約書等の作成」金融法務研究会『金融取引における約款等をめぐる法的諸問題について（金融法務研究会報告書（26））』（2015年）、79頁。

30　前掲注29・91〜92頁。

31　個人的な所感にすぎないが、LIBOR移行対応において、民間の国際的な業界団体である国際スワップ・デリバティブ協会（ISDA）が果たした役割は極めて大きいと考えている。移行対応に向けて各法域に設置された検討体の議論の重きはキャッシュ商品（債券・貸出）に置かれ、デリバティブ分野に関してはISDAが国際的に議論を主導した。こうした役割分担により、移行対応がスムーズに進捗したものと評価できる。

題であり、何かが正統であることは、ある当事者がそれを正統だと信じるからであるとする[32]。つまり、あくまでも当事者の主観的な理解・主張に基づくとする。その主観的な理解・主張を客観化する評価軸として、規範の決定過程に着目する"I.インプットの正統性（input legitimacy）"と、決定された規範自体に着目する"II.アウトプットの正統性（output legitimacy）"に分類したうえで、より具体的な評価項目として、基準・規範の(1)代表性（representation）、(2)手続・過程（process）、(3)有効性（effectiveness）の3つを指摘する。Black and Rouch（2008）は、正統性の評価項目として、①民主的基準（democratic criteria）、②憲法的基準（constitutional criteria）、③機能的・成果的基準（functional or performance-based legitimacy criteria）、④価値観・目的基準（values- and objectives-based criteria）の4点を紹介する[33]。①民主的基準とは、基準設定機関における意思決定が、民主的な統治モデル（誰が意思決定に参加するのか等）にどの程度合致しているかに関するものである。②憲法的基準とは、手続的正当性の法的価値や憲法に基づく他の価値（例えば、一貫性・比例性・公正な手続、また、憲法上設置された機関や国際機関による監督等）との適合性に関するものである。③機能的・成果的基準とは、効率性、専門性、有効性などの点で、成果や結果に焦点を当てるものである。④価値観・目的基準とは、組織が追求する価値・目的（例えば、効率的な市場といったマクロレベルの目標から、より具体的なミクロの目標まで含む）から評価するものである。なお、各基準の間にはトレードオフも存在し、例えば、スピード・効率性の成果的基準と、手続的正当性の憲法的基準や参加者の観点での民主的基準との間に見出される[34]。

　以上のような先行研究の提示する基準や、前節で確認したメリットを踏まえ、Karmel and Kelly（2009）のフレームワークを参考に、CSRに対する

32　Karmel and Kelly・前掲注27・pp.932-933.

33　Black and Rouch・前掲注22・p.225.

34　*Id.,* pp.225-226.

148　第3部　クレジット・センシティブ・レート（CSR）に関する議論

IOSCOの今次対応について、(2)手続・過程、(3)有効性の観点から評価したい。なお、(1)代表性については、評価の射程としない。本章の主たる問題意識は、IOSCOという国際機構の存在自体に対する批判というよりは、あくまでもCSRへの今次対応の評価にある。したがって、IOSCOの組織自体の(1)代表性は直接の検討対象とはせず、決定過程に参加した主体という意味での代表性については、(2)手続・過程の観点に含めて論じることとする。また、評価にあたっては、Black and Rouch (2008) が指摘した趣旨も取り込む形で、すなわち、①・②を(2)手続・過程、③・④を(3)有効性に対応させて検討を進める（図表8－1）。

図表8－1　本稿における評価フレームワーク（概念図）

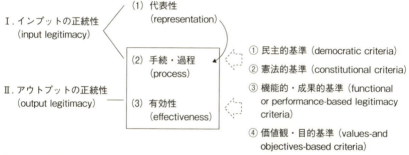

（出所）　筆者作成。

(2) 手続・過程の観点

①　市中協議の実施

手続・過程の正統性を高めるための1つの方策として、市中協議（public consultation）の実施が指摘される[35]。FSB進捗報告書で示された、IOSCOによるレビューの進め方をみると、指標運営機関の実施方針の点検やデータ分析のほか、指標運営機関との面談（interview）の実施が示されているが、市中協議への言及はない[36]。IOSCOのレビュー結果声明文でも、少なくと

35　*Id.*, pp.227-228.
36　FSB・前掲注4・pp.6-7.

も市中協議（public consultation）を実施した旨の記載はない。また、利害関係者を対象とした協議（consultation）についても、指標運営機関との面談以外に、利害関係者（CSRの必要性を主張した地銀等）とどの程度対話したのかは不明である。そもそも、特定の利害関係者と水面下で協議を実施していたとしても、果たして、正統性を得るに足るかという問題提起もできるだろう。この点、Bradley（2011）は、IOSCOやBCBS等の国際機構が実施する協議（consultation）において、利害関係者（協議の回答者・参加者）を特定することは、逆説的にいえば、（対象として特定されなかった）それほど重要ではないと判断された他の利害関係者が存在する可能性を指摘する。例えば、世界金融危機が示したように、金融規制の失敗の影響を受けるのは、金融規制の直接の利害関係者であると自認する者だけではないとする[37], [38]。こうした指摘も踏まえれば、指標運営機関との対話だけではなく、指標の利用者側である銀行等も念頭にした市中協議や意見交換も検討するべきであったと思われるし、RFR参照貸出への移行に起因する与信の縮小可能性（第7章参照）も踏まえれば、事業法人等の意見への配慮も肝要であったように思われる。なお、仮に、こうした利害関係者と広く協議していたのだとすれば、決定過程の透明性の観点からその内容は一定程度開示されるべきと考えられる。

② 個別の国内法との衝突

IOSCOの決定は、米国において民主的正統性をもって成立したハード・ローと矛盾する側面がある[39]。米国では、LIBOR移行対応を促進する趣旨

---

37 Bradley, C., "Consultation and Legitimacy in Transnational Standard-Setting," Minnesota Journal of International Law, Volume 20, 2011, p.501.

38 Id., p.480. Bradleyは、IOSCOやBCBS等によるトランスナショナルなconsultationの弱点として、例えば、限られた言語（あるいは英語のみ）で実施されることが通常であることから、可視性（visibility）に欠けることなどを指摘する。

39 既存の米国法との矛盾を指摘したものとして、例えば、Tibberts, M., McErlane, C., Smith, M., and Lawlor, J., "International: Boats against the current? Credit-sensitive rates after LIBOR," Baker and Mackenzie Client Alert, August 22, 2023, p.4を参照。(https://insightplus.bakermckenzie.com/bm/banking-finance_1/international-boats-against-the-current-credit-sensitive-rates-after-libor)

で、2022年3月、Adjustable Interest Rate（LIBOR）Act（以下「連邦LIBOR法」という）が成立した[40]。連邦LIBOR法では、貸出契約で参照する金利指標の選択に関して、銀行は、資金調達モデルや顧客のニーズ、及び商品、リスク・プロファイル、リスク管理能力、業務能力を勘案して、適切であると判断する、SOFR以外も含めた金利指標を使用できる旨を規定する[41]。更には、連邦監督機関は、銀行がSOFRでない金利指標を使用していることのみを理由として、銀行に対して監督上の措置を取ることはできないとも定める[42]。

　このように、少なくとも米国法上では、CSRを含めた非SOFRの金利指標の利用は否定されていない。また、少なくとも2020年5月のパウエルFRB議長の上院議員宛て書簡においては、SOFRが頑健な代替金利指標であることを前提としつつも、「ARRCの勧告とSOFRの使用は任意であり、市場参加者は、各々の状況に最も適した方法でLIBORからの移行を図るべきであることを明確にしてきた」とし、「AMERIBORは、IOSCO原則に合致した、"cohesive and well-defined market"を裏付けとして構築された金利指標である」とする[43]。こうした状況にもかかわらず、民主的正統性を欠いた国際機構であるIOSCOが、CSRを金融市場から事実上締め出すことは正統性の観点でやや矛盾するのではないか。前述のように、IOSCOの規範・基準は法的拘束力を欠くとはいえ、事実上の市場標準として認識されている。市場参加者は、利用する金利指標がIOSCO準拠か否かを重要視しており、IOSCO非準拠とされたCSRの利用を躊躇するものと考えられる[44]。

　以上のとおり、IOSCOの今次対応を手続・過程の観点から評価した場合、民主的正統性を得たと評価するに足る決定過程であったかは疑問が残る。

40　契約当事者間の合意形成が困難であり、LIBORから他の金利指標への移行が困難な既存契約（いわゆる「タフレガシー」）への対応を念頭に成立した。連邦LIBOR法の詳細につき、第6章参照。

41　12 U.S.C §5805(b)(1).

42　12 U.S.C §5805(b)(2).

43　Letter from Federal Reserve Chair Jerome Powell to Senator Tom Cotton（R-AR）. May 28, 2020.

第8章　クレジット・センシティブ・レート（CSR）に対するIOSCO原則の適用を巡る課題　151

(3) 有効性の観点

① 判断基準の曖昧性

　IOSCOは、一部のCSRに、LIBOR同様の「逆ピラミッド問題」が存在することを確認したとして、これを主たる根拠にIOSCO原則非準拠との判断を下した。しかしながら、①「逆ピラミッド」と判断する定量的基準・根拠が示されておらず、専門性に欠ける判断であるように思われるほか、②IOSCO準拠とされている他の金利指標（IBORs）との整合性に欠ける面もあることから、有効な基準・規範の定立とは評価し難い。

　欧州市場で従前より広く活用されているEURIBORとの比較で検討してみよう。EURIBOR（3か月物）の裏付け市場の規模を確認すると[45]、2022年の月間平均取引金額は100億ユーロ程度であり、日次ベースでは4.5億ユーロ程度と試算される。他方で、EURIBOR参照取引の合計金額は、ストックベースで100兆ユーロ超と試算されており[46]、LIBOR同様の逆ピラミッド問題の存在が示唆される（図表8－2）。

　一方、BSBYの裏付け市場（2022年）は、日次ベースで、全テナー合計で4,000億ドル超であった[47]。3か月物では1,000億ドル前後であったとみられ、EURIBORの裏付け市場よりも規模が大きいほか、TIBORの裏付け市場よりも大きい[48]。IOSCOの意向は判然としないが、仮に、今次IOSCOレ

---

[44]　Tibberts et al.・前掲注39・5頁。また、Bartholomew, H., "SEC's Gensler Questions BSBY's Iosco Compliance," Risk.net, September 20, 2021は、ある金利指標がIOSCO原則に準拠していることは、規制対象業者が、当該金利指標を契約で利用するための最低要件であると指摘する。

[45]　EMMI［European Money Market Institute］, "Euribor Transparency Indicator Reports（January 2022 - December 2022）." を参照。（https://www.emmi-benchmarks. eu/benchmarks/euribor/transparency/transparency-indicator-reports/）

[46]　EMMI website, "Benchmarks-Euribor."（https://www.emmi-benchmarks.eu/ benchmarks/euribor/）

[47]　Bloomberg, "Bloomberg Short-Term Bank Yield Index Bulletin Underlying Volumes, Resiliency in Periods of Stress and Current Landscape," July 2023を参照。

[48]　TIBORの評価対象市場の規模（推計値）等の詳細は、全銀協TIBOR運営機関「全銀協TIBORの運営態勢の定期的な見直し結果について」（2023年3月27日）を参照。

ビューの比較対象がSOFRであるからIBORsの状況を考慮しないとするのであれば、それは詭弁と評価されても致し方ないだろう。後述するように、金利指標ごとの性質差異を考慮し、IBORsをSOFR等のRFRと別の評価軸で比較するのであれば、CSRの性質を考慮する必要性もあり得たのではないか。

以上のデータを踏まえれば、IOSCOは、IBORsとCSR（BSBY）で判断が一貫していない印象を受ける。LIBOR同様に裏付け市場の規模が小さく、逆ピラミッド問題を内包し得るEURIBORやTIBORについてはIOSCO準拠との評価を受容する一方で、CSRについては、IOSCO原則準拠性を否定する判断に、専門的な見地から確かな正統性はあるのだろうか。

なお、BSBYがIOSCO準拠であるとの宣言は[49]、Bloomberg社の"自己評価"のみに基づくものではない。独立した第三者であるErnst & Young（EY社）の外部審査を経たものである[50]。第三者評価を受けているからIOSCO準拠と判断するべきとの単純な論理構成を採るつもりは全くないが、①指標運営機関が自己完結的にIOSCO準拠を主張しているわけではない点には留意するべきであろう。加えて、EY社がBSBYを外部審査したわけであるが、②EY社は、SONIAのIOSCO準拠にかかるBOEの自己評価を外部審査した組織である事実を指摘しておきたい[51]。金利指標に関するEY社の評価能力について筆者は知見を有しないが、EY社によるBSBYの審査を根底から否定するのであれば、果たして、SONIAの評価プロセスへの関与についてどのように考えるのであろうか。今回のIOSCOの決定は、この観点でも疑問の残るものである。

いずれにせよ、IOSCOはこうした点について、わずか2頁強の声明文では特に触れていない。規範・基準の"output legitimacy"としての有効性の

49　Bloomberg, "Bloomberg Confirms its BSBY Short-Term Credit Sensitive Index Adheres to IOSCO Principles," April 6, 2021を参照。

50　Bloomberg, "Bloomberg Short-Term Bank Yield（BSBY）Index: Management Statement of Adherence with the IOSCO Principles for Financial Benchmarks." を参照。

51　BOE, "SONIA Statement of Compliance with the IOSCO Principles for Financial Benchmarks as at 12 November 2021," p.3.

観点では、裏付け市場の適切な規模や逆ピラミッド問題と認識する比率など、画一的な基準は難しくとも目安程度は示すべきではないだろうか。

figure 8-2 EURIBORの逆ピラミッド問題

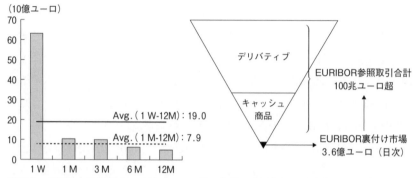

（注1）　左図は、2022年1～12月のテナー別の各月の取引金額の平均値。
（注2）　右図のEURIBOR参照取引合計（100兆ユーロ超）は、EMMIによる試算値。
（注3）　右図のEURIBOR裏付け市場3.6億ユーロ（日次）は、左図の月間平均取引金額（1M-12M）：79億ユーロを22営業日で除して算出した試算値。注2・3と合わせて、右図は相当な幅を持ってみる必要がある。
（出所）　EMMI（注45）より筆者作成。

②　IOSCO原則における理念への背馳

IOSCO原則で提示されている理念の1つに、"one-size-fits-all method"（全ての指標に一律に適用し得る方法）を採用しないという点がある。IOSCO原則とは、各指標の多様性等に鑑み、基準の枠組みを提供するものであり、当該基準への準拠方法は、各々の指標の特異性に応じて、様々であることが考えられるとする。特に、原則の適用と実施は、各指標及び（又は）運営機関や指標設定プロセスの規模及びもたらされるリスクに見合ったものであるべきであるとする。そして、これには、参入にあたっての規制上の重大な障壁とならないよう、新規・新興の指標に見合った原則の適用も含まれると明記する（いわゆる比例性の原則）[52]。

果たして、今回のIOSCOの対応は、上記理念をどこまで考慮したのだろ

52　金融庁・前掲注2・5頁。

うか。①まず、"指標の多様性"という趣旨は考慮されたのだろうか。IOSCOの今次レビューでは、SOFRとの比較でCSRに対する評価が下されたが、そもそも、SOFRとCSRでは、信用リスクを含むか否かなど指標の性質自体が異なるし、その裏付け市場も当然に異なる。②更に、2021年3月に正式に公表開始された新興の金利指標（BSBY）に対して、判断基準を必ずしも明確化せずに批判することは、"規制上の重大な障壁"となったのではないか。この点、2021年末のLIBOR公表停止（当初期限）を前にSOFR（RFR）への流動性の集中を図りたかった当局の意向を踏まえれば、そのさなかにローンチされたBSBYに対する否定的な対応も理解はできる。しかし、SOFRの利用を前提にして他の指標を評価することは、金利指標の多様性を許容しようとする理念と相容れない面があるほか、従前より存在するIBORsも包含し得る問題点をもって新興のCSRを否定するのであれば、IOSCOの掲げる理念とやはり相反するように考えられる。

"one-size-fits-all method"を採用しないとしつつ、今回、SOFRとの比較でCSRの妥当性を評価したことは、趣旨に鑑みて、IOSCO原則が本来予定していたことではないように思われる[53]。

③ 指標の性質差異の考慮

金利指標の多様性の点とも関連するが、指標の性質の考慮も果たして十分であったのであろうか。LIBORは「呈示ベースの金利指標」（金融機関等からの呈示に基づき算出）であり、パネル行による恣意的な不正呈示が問題の発端であった。一方で、CSRは、基本的には市場での実取引データに基づ

---

[53] 和仁亮裕「金融指標に関する法律問題」『金融法務事情』No.1999（2014年）、20頁は、2014年の段階で、金利指標にかかる各制度改革の内容は非常に似ており、one-size-fits-all methodを採用しないとする考え方はあまり依拠されなかったようだと指摘していた。更に、和仁亮裕「金融指標の挑戦―TIBOR改革―」『金融法務事情』No.2063（2017年）、5頁では、RFRへの統一的な移行に対して、「IOSCO原則の基礎にあるのは、"One size does not fit all"という考え方だったはずであり、LIBOR、EURIBOR、TIBORは各々の市場の歴史、経済情勢と政治環境を背負っているが、Risk Free Rates提唱の後にある考え方は世界規格への統一のようにも感じられる」としていた。2014年・2017年時点では、新興のCSRの出現は予期されていなかったなかで、金利指標改革初期における、現在の論点にもつながる原理的な問題提起であったように思われる。

く、「機械的に決定される指標」であり、LIBORの単純なレプリカではない。実取引データに基づいて原則算出することは、裏付け市場の流動性が高いことや、逆ピラミッド問題を生じさせないことを担保するわけではないが、呈示ベースの金利指標で不正が生じる可能性とは質的に異なる。この点は、「金融指標の規制のあり方に関する検討会」（金融庁）[54]で指摘された趣旨にも合致する。「呈示ベースの指標」については、呈示データのなかに呈示者の判断や推定が入るなど、「機械的に決定される指標」に比べて不正操作の余地が広く、不正操作のインセンティブも相対的に高いおそれがあると指摘される。検討プロセスの詳細がIOSCOから公表されていない以上、指標の性質がどの程度勘案されたのかは不透明であるが、基準・規範の有効性・専門性の観点では、金利指標の性質差異に関する見解もある程度示すべきであったように思料される。

　以上のとおり、今次決定を有効性の観点から検討した場合にも、正統性を十分に担保していると評価することは難しいと考える。

第5節 │ おわりに

　ポストLIBOR時代において、金利指標の頑健性の観点から、RFRへと流動性を集中させたい当局の意図は理解できる。一方で、一部の市場参加者が、信用リスクを含むCSRの必要性を主張していることも事実である。本来的には、私契約で参照する金利指標の選択は契約当事者（市場参加者）の自由裁量の範囲内である。規制上の合理的な範囲を超えて、当局が介入することは避けるべき領域であろう。ましてや、民主的正統性が必ずしも高くない国際機構が、明確な基準や判断基準、議論のプロセスを明らかにしないままに、国際金融市場における事実上のルール・メイキングを行うことは妥当で

---

[54]　金融庁「『金融指標の規制のあり方に関する検討会』における議論の取りまとめ」（2013年12月25日）4～5頁。

はないと考える。CSRに対するIOSCOの今次決定において、そのプロセスや有効性の観点で、民主的正統性の確保は必ずしも十分ではなかったと考える。IOSCOの今次決定は、IOSCO原則の事実上の拘束力を踏まえれば、一民間事業者の金利指標であるBSBYの公表停止の少なくとも1つの要因となったことは確かなものと思料される。これまでの経緯を踏まえれば、今後も、IOSCOはCSRに対して批判的な見解を維持するだろう。しかし、CSRの有用性に対する見解、逆ピラミッド問題が存在すると認識する基準、従前から存在するIBORsへのスタンスとの差異など、より公正な議論のプロセスをもって説得的に根拠を示すべき論点は依然残されているのではないか。また、（金融市場の健全性を阻害しない範囲内においてではあるが）金利指標の多様性を許容するIOSCO原則の基本理念を反芻し、一連の決定に矛盾がないのか、冷静に顧みることも必要ではなかろうか。国際金融市場の中心的な金利指標の終焉という、時代の一大転換点にあるからこそ、グローバル・スタンダードを形成していくにあたり、金融市場のレジリエンス向上を図ることは当然のこととして、その決定の民主的正統性の確保・向上という観点も踏まえた議論が望まれる。

第 **4** 部

近時のIBORs改革

第4部では、TIBOR（東京銀行間取引金利）やEURIBOR（欧州銀行間取引金利）に関する近時の取組みを考察し、IBORs改革の動向について論じる。LIBORは最終的にはその公表が停止されるに至ったが、第3章で整理したとおり、当初は存続を前提に各種の見直しが実行されていた。そして、LIBOR同様に、TIBORやEURIBORについても一連の金利指標改革の流れのなかで各種の見直しが行われてきたところ、両者は現在でも金融市場で幅広く活用されていることから、近時においてもそのレジリエンス向上に向けて引き続き各種改革が進められている。

第9章は、2023年7月の公表論文「東京銀行間取引金利（TIBOR）のレジリエンス向上に向けた制度設計—フォールバック条項にかかる論点—」をもとに構成している。周知のとおり、日本円TIBORは本邦金融市場で幅広く活用されており、公表停止は何ら予定されていないが、金融システムの安定性の観点からは、蓋然性は限りなく低くとも、将来的な公表停止等への備えとして、頑健なフォールバック条項について予め検討・整備しておくことが望ましいと考えられる。こうした問題意識を念頭に、全銀協TIBOR運営機関が近時に実施した市中協議の経緯やその結果を概説するとともに、TIBORのレジリエンス向上に対して持つ意義を分析した。

第10章は、2024年6月の公表論文「EURIBORの算出方式の見直しに関する改革の動向」をもとに構成している。TIBORと同じく、EURIBORも幅広い金融商品で利用されている。TIBOR同様、将来的な公表停止が全く想定されていないがゆえに、今後も安定的に利用していく観点から、その頑健性の向上に向けて、近時も改革が実施されている。本章では、2019年以来の大きな制度的改革である、EURIBORの算出方式の見直しについて論じていく。ここでは、今般の改革の概要をその経緯や意図の観点から概説するとともに、日本円TIBORに対する若干のインプリケーションを得ることも目的とした。

第9章

東京銀行間取引金利（TIBOR）の
レジリエンス向上に向けた制度設計
──フォールバック条項にかかる論点

第1節 | はじめに

　日本では、従前より、LIBORに加えて、TIBORも金融取引において広範に利用されてきた（図表9－1、図表9－2）。仔細にみると、TIBORには、本邦無担保コール市場の実勢を反映する「日本円TIBOR」と、本邦オフショア市場の実勢を反映する「ユーロ円TIBOR」の2つが存在する（以下、両者の総称として「全銀協TIBOR」という）。日本円TIBORは、キャッシュ商品及びそのヘッジとしてのデリバティブ取引において、ユーロ円TIBORは、金利先物の原資産として主に利用されている。この点、ユーロ円TIBORについては、評価対象市場である本邦オフショア市場の流動性の低さが従前より指摘されていることを踏まえ、2024年12月末をもって廃止されることが予定されている。他方で、日本円TIBORについては、ユーロ円TIBORやLIBORと異なり、現時点では、公表停止に関して何ら検討されていない。もっとも、金利指標の頑健性、ひいては、金融システムの健全性を維持する観点からは、現時点での蓋然性は低いと考えられるものの、日本円TIBORの将来的な公表停止等への備えとして、頑健なフォールバック条項について検討・整備しておくことが望ましいと考えられる[1]。

　こうした問題意識のもと、2022年8月1日、全銀協TIBOR運営機関（以

第9章　東京銀行間取引金利（TIBOR）のレジリエンス向上に向けた制度設計　161

下「TIBOR運営機関」という）は、「全銀協TIBORのフォールバックに係る論点に関する市中協議」（以下「市中協議文書」という）を公表し、その後、2023年3月15日には、「全銀協TIBORのフォールバックに係る論点に関する市中協議の結果」（以下「市中協議結果報告書」という）を公表した。本章では、本市中協議に至る経緯、及び市中協議結果を概説[2]するとともに、TIBORのレジリエンス向上に対する意義を検討したい。

図表9－1　全銀協TIBORの利用状況（2021年12月末時点）[3]

〈日本円TIBOR〉

		残高（兆円）	契約件数（件）
運用		120.3	291,128
	貸出	119.8	290,824
	債券	0.5	304
調達		0.5	1,119
デリバティブ[(注)]		180.4	47,187

〈ユーロ円TIBOR〉

		残高（兆円）	契約件数（件）
運用		3.8	2,725
	貸出	3.8	2,716
	債券	0.02	9
調達		0.004	9
デリバティブ[(注)]		347.7	30,688

（注）　想定元本ベース。図表9－2も同様。
（出所）　全銀協TIBOR運営機関「TIBORエクスポージャー調査　結果概要（2021年12月末基準）」（2022年5月31日）より筆者作成。

図表9－2　公表停止前における日本円LIBORの利用状況（2019年6月末時点）

	残高（兆円）	契約件数（件）
運用	32	28,314

1　フォールバックとは、契約期間が金利指標の公表停止時点をまたぐ契約において、フォールバック条項を導入し、金利指標の公表停止後などに、当該金利指標に代えて参照する後継金利を契約当事者間で予め合意しておく対応方法である。

2　本市中協議の内容については、青山大樹「全銀協TIBORのフォールバックに関する実務動向」『金融法務事情』No.2197、4～5頁、関口達仁、大峰裕之、岡田哲哉「全銀協TIBORのフォールバックに関する主要論点」『金融財政事情』（2022年8月9日）62～67頁も参照のこと。

3　図表9－1と図表9－2では、調査対象項目や調査基準日が異なるため、比較にあたっては相当の幅を持ってみる必要がある。

162　第4部　近時のIBORs改革

	貸出	21	25,760
調達		8	83,304
	債券	2	990
デリバティブ（注）		2,971	419,545

（出所）　金融庁・日本銀行「LIBOR利用状況調査結果の概要及び求められる今後の対応」
　　　　（2020年3月13日）より筆者作成。

第2節 ｜ 市中協議に至る経緯

　金利指標の算出・公表が恒久的に停止される場合等に備えて、頑健な
フォールバック条項を事前に整備しておくことは、金融市場における潜在的
な混乱等を回避するために重要である[4]。この点は、2013年7月に、証券監
督者国際機構（IOSCO）が公表した「金融指標に関する原則の最終報告書」
（IOSCO原則）（図表9-3）や、同じくIOSCOが2018年1月に公表した
「Statement on Matters to Consider in the Use of Financial Benchmarks」
でも繰り返し強調されている。

　IOSCO原則では、金利指標の運営機関に対して、年に1回、原則の遵守
状況を開示すべきとしている。この定めに従い、TIBOR運営機関は、原則
として毎年度末に、自己検証の結果を公表している。2022年3月公表分まで
の自己評価[5]を参照すると、全銀協TIBOR改革[6]及びその後の検討進捗によっ
て、全体としては、IOSCO原則を遵守していると結論付けているものの、
全銀協TIBORのより一層の透明性・頑健性・信頼性の向上を図る観点から

4　市中協議文書10頁。

5　全銀協TIBOR運営機関「『金融指標に関するIOSCO原則（19原則)』の遵守状況につ
　いて」（2022年3月9日）。

6　TIBOR運営機関によって、2017年7月に実施された改革。全銀協TIBORを「より実
　際の取引に依拠する指標」とするため、リファレンス・バンクによる呈示レートの算
　出・決定プロセスの統一・明確化を1つのコンセプトとして実行された。

第9章　東京銀行間取引金利（TIBOR）のレジリエンス向上に向けた制度設計　163

は、原則 7 （データの十分性）及び原則13（移行）に関して、一部課題が残存しているとしてきた。今回の市中協議に伴う一連の対応は、このうち、原則13における課題の解消を目指したものといえる。

図表 9 - 3　IOSCO原則

原則	項目	原則	項目
1	運営機関の全般的責任	11	算出方針の内容
2	第三者の監督	12	算出方針に対する変更
3	運営機関の利益相反	13	移行
4	運営機関の統制の枠組み	14	呈示者に係る行動規範
5	内部監督機能	15	データ収集に係る内部統制
6	指標の設計	16	不服処理
7	データの十分性	17	監査
8	データのヒエラルキー	18	監査証跡
9	指標決定の透明性	19	規制当局との連携
10	定期的な見直し		

（出所）　筆者作成。

(1)　原則 7 ：データの十分性

　市中協議文書で指摘されているように、ユーロ円TIBORの評価対象市場である本邦オフショア市場は長期的に縮小傾向にあり、日本円TIBORの評価対象市場である本邦無担保コール市場との比較においても、市場規模が極めて小さい状況[7]にある（図表 9 - 4 ）。結果的に、ユーロ円TIBORの算出上、リファレンス・バンクから運営機関への呈示レートに関して、評価対象市場のデータにより決定される割合が低い状況が継続していると指摘されてきた。こうした問題意識を踏まえて、2018年10月、運営機関は、「〔第 1 回市

7　市中協議文書12頁。

164　第 4 部　近時のIBORs改革

中協議〕日本円TIBORとユーロ円TIBORの統合等に係る方向性について」
を公表した。2019年5月には、当該市中協議の結果[8]を踏まえ、改革の方向
性として、「日本円TIBORを維持、ユーロ円TIBORを廃止」することを最も
有力な選択肢として検討していく方針を示した。そのうえで、2021年3月に
は、英国金融行為規制機構（FCA）によるLIBOR公表停止にかかる声明[9]も
踏まえ、ユーロ円TIBORを廃止する場合の実施時期としては、LIBOR5通
貨の全テナーが恒久的に公表停止を迎える2023年6月末から、1年半程度の
準備期間を経た、2024年12月末を想定する旨を公表した[10]。今回のフォール
バック条項の整備により、後述のとおり、原則13に関する一部課題が解消さ
れたことから、今後は、原則7に関して残されている一部課題の解消に向け
た取組みが順次進められていくこととなる。

図表9-4　全銀協TIBORの評価対象市場の状況

〈日本円TIBOR〉

本邦無担保コール市場の推計市場規模（全体）	約34.9兆円
リファレンス・バンクが占める取引割合推計	約32%

〈ユーロ円TIBOR〉

本邦オフショア市場の推計市場規模	運用サイド：約0.3兆円
	調達サイド：約0.5兆円
リファレンス・バンクが占める取引割合推計	約69%

（出所）　全銀協TIBOR運営機関「全銀協TIBORの運営態勢の定期的な見直し結果について」（2023年3月27日）より筆者作成。

(2)　原則13：移行

原則13では、まず、指標の運営機関は、指標の停止の必要性に対応するた

8　全銀協TIBOR運営機関「〔第1回市中協議〕『日本円TIBORとユーロ円TIBORの統合等に係る方向性について』の意見募集結果等について」（2019年5月30日）。

9　FCA, "FCA Announcement on Future Cessation and Loss of Representativeness of the LIBOR Benchmarks," March 5, 2021.

10　全銀協TIBOR運営機関「『金融指標に関するIOSCO原則（19原則）』の遵守状況について」（2021年3月29日）2頁。

め、明確な方針書と手続書を整備すべきであると規定する。そして、方針書と手続書には、運営機関が妥当かつ適切であると判断した場合、信頼性が高い代替指標（フォールバック・レート）を選択するための基準等を含めることが考えられるとしている[11]。TIBOR運営機関の対応としては、2020年3月に方針書・手続書[12]を既に制定済みであったが、適切なフォールバック・レートの内容については具体的には言及しておらず、この点が課題として認識されてきたところである。そこで、この残存課題の解消を目指して、フォールバックにかかる今回の市中協議等が実施されることとなった。

第3節 市中協議結果の概要

　フォールバックにかかる今次市中協議の主要論点は、①想定するトリガー及びトリガー・イベントの類型、②フォールバック・レートの選択、③スプレッド調整の手法、の3つに大別される。結論を先取りすれば、いずれの論点においても、TIBOR運営機関の提案が概ね支持を得る結果となり、LIBORやEURIBOR等のIBORsにおける検討やISDAデリバティブにおける検討と基本的に整合性の取れた内容となっている。以下、上記3つの論点について、(1)日本円TIBOR、(2)ユーロ円TIBORの別に概説する。

(1) 日本円TIBOR

① トリガー及びトリガー・イベント

　市中協議では、(a)公表停止トリガー、(b)公表停止前トリガー、(c)その他のトリガー、の3類型が提示されていた。(a)公表停止トリガーとは、運営機関

11　金融庁「IOSCO（証券監督者国際機構）金融指標に関する原則の最終報告書（抄訳）」（2013年7月18日）24～25頁。
12　全銀協TIBOR運営機関「全銀協TIBORの定義・算出方法に関する重要な変更や継続的な公表停止時における対応方針」（2020年3月19日）。

166　第4部　近時のIBORs改革

又は監督当局（金融庁）等が、全銀協TIBORの恒久的な公表停止又は公表停止予定を発表することをトリガー・イベントとして想定したものである。(b)公表停止前トリガーとは、運営機関の監督当局等が、全銀協TIBORの指標性喪失を決定し、公式声明を発表することをトリガー・イベントとして想定したものである。(c)その他のトリガーとは、例えば、全銀協TIBORの算出メソドロジーに重要な変更が生じた場合や、法令や規制など何らかの理由により全銀協TIBORの利用等が違法となった場合などを、潜在的なトリガー・イベントとして想定したものである。

　市中協議では、公表停止トリガーをフォールバック条項に最低限設定することが一案として考えられると提示されていた。より仔細には、「運営機関が全銀協TIBORの公表停止又は公表停止予定を発表すること」を潜在的なトリガー・イベントとして想定しており、公表停止（予定）の主体から金融当局が除外されている。この背景として、日本の法令においては、監督当局である金融庁が全銀協TIBORの恒久的な公表停止について発表する権限を有していないため、公表停止（予定）の発表の主体をTIBOR運営機関に限定する記載となっている。ただし、ISDAデリバティブにおいて設定されているトリガーとの平仄を重視する場合には、公表停止（予定）の発表主体として、運営機関のみならず、運営機関の監督当局、全銀協TIBORの通貨にかかる中央銀行、運営機関の破綻処理当局等が想定されるところ、こうした内容をフォールバック条項へと設定することも考えられると整理した[13]。このほか、金利指標の指標性喪失にかかる公表停止前トリガーについては、フォールバック条項に設定することは必ずしも必須ではなく[14]、また、その他のトリガーについては、フォールバック条項への設定は不要[15]として提案していた。

13　市中協議文書19頁。
14　全銀協TIBORがベンチマーク規則（BMR）上のクリティカル・ベンチマークではなく、第三国指標として位置付けられており、金融庁がBMRに基づき、金利指標としての指標性の評価等を行うことが現時点では想定されていないことなどが背景。市中協議文書20頁参照。

市中協議の結果、趣旨の明確化を図る観点から公表停止トリガーの文言例等の一部に若干修正があったものの、基本的には、TIBOR運営機関の上記提案が全面的に支持された。

② フォールバック・レート

市中協議では、日本円TIBORのフォールバック・レートとして、RFRをベースとした金利指標である「TONA複利（後決め）」及び「ターム物RFR[16]」を候補として提案していた。これは、LIBORやEURIBORにおけるフォールバック・レートにかかる議論と整合性の取れたものであり、指標としての頑健性や利用可能性、既存の実務慣行との親和性、キャッシュ商品とデリバティブ商品のヘッジ関係等の観点を考慮したものと評価できる。なお、ユーロ円TIBORについては、2024年12月末での公表停止が有力視されていることを踏まえ、日本円TIBORのフォールバック・レートの候補には含めないことが適当との見解がTIBOR運営機関より示されていた。

「TONA複利（後決め）」と「ターム物RFR」をフォールバック・レートの軸にしたうえで、ターム物RFRの利用を選好する場合を念頭に、第1順位にターム物RFR、第2順位にTONA複利（後決め）を設定するウォーターフォール構造も一例として提示された。一般に、ターム物RFRよりもTONA複利（後決め）の方が、裏付け市場の流動性の厚みの観点で頑健であると考えられていることを踏まえ[17]、ターム物RFRを利用できない場合に備えて、バックストップとして、第2順位にTONA複利（後決め）を設定する案である。

---

15 LIBOR及びEURIBORを対象とした各法域の検討体における検討結果として、当該指標を参照するキャッシュ商品のフォールバック条項に設定されるよう推奨されていないことが主な背景。市中協議文書21頁参照。

16 株式会社QUICKベンチマークス（QBS社）の公表する東京ターム物リスク・フリー・レート（TORF）。なお、QBS社は、金融商品取引法156条の85に基づく「特定金融指標算出者」に指定され、TORFは「特定金融指標」としての規制対象となっている。

17 もっとも、TORFの評価対象市場である日本円OIS市場の流動性も着実に向上している。日本証券クリアリング機構（JSCC）の債務負担金額ベースでみた日本円OIS市場の取引規模は、2022年は1,032兆円となり、前年2021年（240兆円）から4倍強となっている。

市中協議の結果、フォールバック・レートの候補については、LIBORや
EURIBORにおけるグローバルな議論との整合性の観点などから、ほぼ全先
が運営機関の提案を支持した。ターム物RFRの利用を念頭にしたウォーター
フォール構造の設定例についても、大多数の回答先が支持する結果となっ
た。支持しないとした先からは、(a)「デリバティブと貸出間との平仄が取れ
なくなる」といった意見や、(b)「ウォーターフォール構造の第2順位には、
前決め複利のように事前に金利が確定するものを据えることが考えられる」
といった、いずれもLIBOR参照キャッシュ商品におけるフォールバック・
レートに関する議論でも一部でみられた意見が示されたが、TIBORにおけ
る議論でも、引き続き少数意見にとどまった。やや付言すると、(a)に関して
は、RFR後決め複利が標準的な参照金利となっているデリバティブ市場と
の整合性を踏まえれば適当な見解ではあるものの、やはり、特にキャッシュ
商品単体で捉えた際には、実務的な観点から前決め金利であるターム物
RFRへの支持が依然強い様子が窺われる。また、(b)の点に関しては、
TIBOR運営機関も指摘しているとおり[18]、第2順位を前決め金利である
「TONA複利（前決め）」とすることも選択肢としては否定されないものの、
ISDAデリバティブの標準的なフォールバックとは異なるものとなるため、
こうしたウォーターフォール構造を設定する場合には、ベーシス・リスクの
観点や、それを削減するための追加的なヘッジコストが発生し得る点に留意
する必要がある。

③　スプレッド調整

　スプレッド調整手法については、LIBORやEURIBORにおける議論や、
ISDAデリバティブとの整合性の観点から、「過去5年中央値アプローチ」、
すなわち、過去5年間の日本円TIBORとフォールバック・レートの差の中
央値に基づいて計算する手法を軸に検討が行われた。

　まず、(a)TONA複利（後決め）をフォールバック・レートとする場合に

18　市中協議文書28頁。

第9章　東京銀行間取引金利（TIBOR）のレジリエンス向上に向けた制度設計　169

は、ISDAデリバティブと同様に、過去5年中央値アプローチで算出することが一案であると提示された。また、(b)ターム物RFRをフォールバック・レートとする場合にも、日本円TIBORとTONA複利（後決め）の調整スプレッドを利用することが提案された。この点、将来的に、日本円TIBORの公表停止トリガーが発動された場合には、その時点では、ターム物RFRは過去5年以上公表されている可能性が高く、日本円TIBORとターム物RFRの調整スプレッドを過去5年中央値アプローチで算出することも可能と考えられる。他方で、日本円TIBORとターム物RFR[19]の差の過去5年中央値と、日本円TIBORとTONA複利（後決め）の差の過去5年中央値を比較すると、両者は近似した値となることがTIBOR運営機関によって示された[20]。これは、ターム物RFRの価値の裏付けとなるOIS取引は、TONA複利（後決め）の期待値を示す性質のものであるためである。このほか、ISDAデリバティブとの平仄などの観点からも、「過去5年中央値アプローチ」の採用が提案されていた。

　市中協議の結果、TIBOR運営機関の提案が全面的に支持される結果となった。

⑵　ユーロ円TIBOR

①　トリガー及びトリガー・イベント

日本円TIBORと同様の検討内容・結果となった。

②　フォールバック・レート

　ユーロ円TIBORに対するフォールバック・レートについては、(a)TONA複利（後決め）、(b)ターム物RFRに加え、現時点で公表停止が想定されていないことなどから(c)日本円TIBORについても、選択肢の1つとして提示された。

19　公表データの都合上、TORFを利用できない2020年1月6日より前の期間は、日本円OISデータ（JSCC）を利用して計算されている。
20　市中協議文書29～30頁。

そのうえで、日本円TIBORの利用を選好する場合を念頭に、第１順位に日本円TIBOR、第２順位にターム物RFR、第３順位にTONA複利（後決め）を設定するウォーターフォール構造がTIBOR運営機関より一例として提示されたが、市中協議の結果、支持と不支持が同数となり、賛否が分かれる結果となった。不支持とした先の意見をみると、「日本円TIBORは価値移転やスプレッド調整の合意等に課題を抱えており、当事者間の合意等による利用は妨げるべきではないものの、あくまでも順位としてはターム物RFRないしTONA複利（後決め）が上位にあるべき」といった意見がみられた。この点の詳細は、次のスプレッド調整の項目で検討する。

③　スプレッド調整

　日本円TIBORにおける検討と同様、TONA複利（後決め）又はターム物RFRをフォールバック・レートとする場合には、ISDAスプレッドの利用を念頭に、ユーロ円TIBORとTONA複利（後決め）の調整スプレッドを過去５年中央値アプローチで算出することが提案された。他方で、日本円TIBORをフォールバック・レートとする場合には、追加的な検討が必要とされた。まず、グローバルな議論を見渡して、ISDAや主要法域でのIBORsのフォールバックにおいて、IBORsがフォールバック・レートとして推奨された事例がなく、グローバルに合意された標準的なフォールバックとは異なるアプローチになるとされた。また、経済的価値の観点からも重要な課題が指摘された。ユーロ円TIBORと日本円TIBORにおいて、「過去５年中央値アプローチから得られるスプレッド」と「デリバティブ市場（ベーシス・スワップ市場）から得られるフォワード・カーブ」の差異を分析すると、結果的に、経済的価値の移転が最小化されない可能性があると整理された[21]。確かに、将来的に、仮に公表停止トリガーが発動されるような事態が生じれば、ユーロ円TIBORの公表停止が市場に織り込まれることが見込まれる。しかしながら、ISDAデリバティブの標準的なフォールバック・レートは

21　市中協議文書37〜38頁。

図表 9 − 5　市中協議結果の概要

			〈日本円TIBOR〉	
トリガー			・TIBOR運営機関が全銀協TIBORの公表停バック条項に最低限設定。 ・ISDAマスター契約に基づくデリバティブの公表停止（予定）を発表することを想定	
後継金利	フォールバック・レート		TONA複利（後決め）	ターム物RFR
		設定方法	TONA複利（後決め）	第 1 順位 ターム物RFR 第 2 順位 TONA複利（後決め）
	スプレッド調整	算出手法		過去 5 年中央
		移行期間		設定
		公示スプレッド		Bloomberg公

（出所）　市中協議結果報告書より筆者作成。

「TONA複利（後決め）」であり、スプレッド調整値は「ユーロ円TIBORと
TONA複利（後決め）の差の過去 5 年中央値」に基づくことを踏まえれば、
ユーロ円TIBORと日本円TIBORのベーシス・スワップ市場から得られる
フォワード・カーブが、トリガー時点における「ユーロ円TIBORと日本円
TIBORの差の過去 5 年中央値」に収斂するとは必ずしも限らない。このた
め、TIBOR運営機関は、ユーロ円TIBORから日本円TIBORにフォールバッ
クする場合の特定のスプレッド調整手法の提示は難しいとしたうえで、その
具体的な手法については、契約当事者間で十分に協議すべきことを提示し
た。

　市中協議の結果、日本円TIBORをフォールバック・レートとする場合の
スプレッド調整に関して、TIBOR運営機関の考え方が支持された。

172　第 4 部　近時のIBORs改革

〈ユーロ円TIBOR〉		

止又は公表停止予定を発表する場合を想定した「公表停止トリガー」をフォール

との平仄を重視する場合には、TIBOR運営機関の監督当局等が、全銀協TIBOR
した文言をフォールバック条項に設定。

TONA複利 （後決め）	ターム物RFR	日本円TIBOR
TONA複利 （後決め）	第1順位 ターム物RFR 第2順位 TONA複利（後決め）	日本円TIBORをウォーター フォール構造の第1順位とする 設定例には賛否あり
値アプローチ		支持された特定のスプレッド調 整手法はなし
しない		
示スプレッド		

第4節　考　　察

　今回の市中協議に伴う一連の対応は、TIBORのレジリエンス向上に向け
た取組みとして評価できる（図表9－5）。実際、TIBOR運営機関では、本
市中協議の結果の公表や、これを踏まえた「全銀協TIBORの定義・算出方
法に関する重要な変更や継続的な公表停止時における対応方針」の改正[22]な
どによって、2023年3月公表の自己評価[23]において、IOSCO原則13（移行）
に関して認識していた一部課題（全銀協TIBORの適切なフォールバック・
レートの検討が未済）の解消に至ったと結論付けている。この点、原則13に

22　2023年3月15日付で改正し、2023年4月1日から施行。
23　全銀協TIBOR運営機関「『金融指標に関するIOSCO原則（19原則）』の遵守状況につ
　　いて」（2023年3月27日）。

関する一部課題を認識してから、課題の完全解消に至るまで相応の年月を要したことに対して、この部分だけを短絡的に切り取れば、多少スピード感に欠けるとの見方もあり得るかもしれない。しかしながら、私見では、実務上の優先順位と、国際的な要請のバランスを上手く取りながら改革が進められたものと考える。まず、大前提として、原則13に関して、一部課題はあったものの、基本的には概ね遵守していると評価できる状況であった。また、振り返れば、2017年のFCA・ベイリー長官（当時）講演により、2021年末でのLIBOR公表停止が事実上決定して以降、金融当局及び民間金融機関において、LIBOR対応をより優先していた点は合理的であったと考える。全銀協TIBORの公表停止が現実的に想定されていなかった段階において、LIBOR対応に官民の社会的リソースを配分したことは妥当だったのではないか。加えて、LIBOR対応の「エンド・ゲーム」（最終局面）[24]に差し掛かった2020年以降は、コロナ対応が喫緊の課題に浮上した点まで考慮すると、極めて妥当な優先順位、実務対応であったものと評価できる。

　TIBOR運営機関が市中協議結果でも見解を示したように、少なくとも日本円TIBOR参照契約へのフォールバック条項の導入については、現時点で恒久的な公表停止が具体的に想定されていない点を踏まえれば、実務上の負担を考慮し、まずは新規契約から順次フォールバック条項を導入していくことを一案として提示[25]していることは妥当と思われる。確かに、そもそもフォールバック条項を導入しておく趣旨に鑑みれば、具体的な公表停止可能性にかかわらず、早期にフォールバック条項をすべからく導入することが望ましいとの指摘はそれ自体正しい。しかしながら、既存契約を含めて全て見直すとなれば、LIBOR公表停止対応を振り返ると、また、日本円TIBOR参照契約の規模（前掲図表9－1）を踏まえると、金融機関及び事業法人の対

24　イングランド銀行のベイリー総裁は、2020年7月、LIBOR対応に向けた最終局面を「Endgame」と表現し、早期の移行対応を呼び掛けた。詳細は、Bailey A., "Libor: Entering the Endgame," July 13, 2020を参照。
25　市中協議結果報告書39頁。

応負担は相応に重いことが予想される。このため、私見では、少なくとも日本円TIBORの公表停止が具体的に想定されていない段階においては、新規契約から順次フォールバック条項を導入しつつ、既存契約については粛々と満期を迎える対応が妥当と考える。

第5節 おわりに

LIBORの公表が停止された一方で、日本では、欧州（EURIBOR）と並んでIBORsの利用を引き続き継続していくこととなる。LIBORスキャンダルから公表停止へと至った一連の経緯を踏まえれば、一般的にIBORsに対しては、より厳しい監視の目が向けられ続けることになるだろう。国際的に信用される金利指標であり続けるために、引き続き、TIBORのレジリエンス向上に向けた取組みを期待したい。

第10章

EURIBORの算出方式の
見直しに関する改革の動向

第1節 はじめに

　国際金融市場における金利指標改革の一環として、2023年10月11日、欧州マネーマーケット協会（EMMI）は、欧州銀行間取引金利（EURIBOR）の算出方式の見直しに関する市中協議[1]を開始した。その後、2024年3月6日、本市中協議の結果[2]を踏まえ、2024年5月から段階的に新たな算出方式へと移行することが決定された。2019年に算出方式が見直されて以来の大幅な制度的改革となる。

　本章は、今般のEURIBOR改革の概要をその経緯や意図の観点から概観するとともに、日本円TIBOR[3]に対する若干のインプリケーションを得ることを目的とする。はじめに、EURIBORの概要として、その歴史や今次改革以前の算出方式を確認した後（第2節）、今次市中協議へと至った背景（第3

---

[1]　EMMI, "Consultation Paper on Enhancements to EURIBOR's Hybrid Methodology," October 11, 2023.

[2]　EMMI, "Summary of Stakeholder Feedback about the Consultation Paper on Enhancements to Euribor's Hybrid Methodology," March 6, 2024.

[3]　TIBORには、日本円TIBORとユーロ円TIBORの2種類存在するが、本章では、日本円TIBORのみを検討の対象とする。以下、日本円TIBORを単に「TIBOR」と表記する。

176　第4部　近時のIBORs改革

節）、及び市中協議結果を考察し（第4節）、最後に、TIBORへの含意を検討する（第5節）。

第2節 EURIBORの概要

(1) 過去の展開

EURIBORは、1999年1月の単一通貨ユーロの誕生とともに構築され、欧州域内の各国の金利指標[4]に代替して利用されることとなった。その後、住宅ローン等の広範な金融商品で参照されるようになった点を踏まえ、2016年8月、欧州ベンチマーク規制（EU BMR）上のクリティカル・ベンチマークに指定された。2019年には、気配値ベースの算出方式から、ハイブリッド方式（次項参照）へと移行する抜本的な改革が実行された[5]。並行して、2019年7月、運営機関であるEMMIは、EU BMR34条に基づき、EURIBORの管理について、ベルギー金融サービス市場庁（FSMA）から認可を受けた[6]。その後、2022年1月以降は、欧州証券市場監督機構（ESMA）がEMMIの監督当局となっている。

(2) 今次改革以前の算出方式

今次改革以前のEURIBORは、ハイブリッド方式と呼ばれる、3階層のウォーターフォール構造に基づいて算出されている（図表10-1左図）。レ

---

4 例えば、FIBOR（フランクフルト銀行間取引金利）、PIBOR（パリ銀行間取引金利）等。
5 EMMIは、当初、実取引データのみを用いた算出方式の構築を目指していた。しかし、流動性の薄さ等の課題から、実取引データのみに基づく方式を断念し、当時のLIBOR改革に倣って、ウォーターフォール型のハイブリッド方式を採用することとした。詳細は、金子寿太郎「不確実性が高まるユーロ金利指標改革の行方」『世界経済評論IMPACT+』No.12（2018）参照。
6 EMMIの拠点がブリュッセルに置かれていたため。

第10章　EURIBORの算出方式の見直しに関する改革の動向　177

ベル 1 に適合する取引データが不十分である場合に、レベル 2 、レベル 3 へ
と「フォールする」仕組みである。

図表10－1　ウォーターフォール構造

〈変更前〉

レベル	参照データ等
1	無担保資金市場の適格取引より算出
2.1	隣接するテナーのデータより線形補間で算出
2.2	非標準テナー取引から算出
2.3	過去のレベル 1 データをベースに、EURIBOR先物の変動を考慮して算出
3	専門家判断（無担保資金市場の関連市場データから算出）

〈変更後：2024年 5 月以降〉

レベル	参照データ等
1	（変更なし）
2.1	（変更なし）
2.2	（変更なし）
2.3	過去のレベル 1 およびレベル 2 データをベースに、①Efterm、②EURIBOR-Eftermスプレッドの変動を考慮して算出
3	廃止

（出所）　筆者作成。

　 1 階層目であるレベル 1 は、ユーロの無担保資金市場における適格な取引
（無担保預金、CP、CD）をベースに算出する。各パネル行は、適格基準と
しての想定元本基準（1,000万ユーロ以上）をクリアした取引データを利用
する。

　 2 階層目であるレベル 2 は、更に 3 階層（レベル2.1、2.2、2.3）に分類
され、レベル 1 対比、より広範なテナーの取引及び種々の計算技法を用いて
算出する。レベル2.1は、隣接する標準テナーのデータから線形補間によっ
て算出する[7]。例えば、 3 か月物であれば、隣接する標準テナーである 1 か
月物と 6 か月物をベースに算出する。レベル2.2は、非標準テナー取引から
算出する。例えば、取引満期日が「 3 か月±10日[8]」であれば、標準テナー

────────────

7　レベル2.1に基づく算出の対象は 1 ・ 3 ・ 6 か月物のみ。

178　第 4 部　近時のIBORs改革

である3か月物の算出データとして利用可能である。つまり、本ケースにおける非標準テナー取引とは、この範囲外で満期日を迎えるような取引を指す。レベル2.3は、資金調達コスト（Bank's cost of funding）と、市場調整係数（Market Adjustment Factor、MAF）の合計値で算出する。現方式において、資金調達コストには、過去のレベル1データ、MAFにはEURIBOR先物を利用している。

3階層目であるレベル3は、いわゆる専門家判断に基づく算出である。各パネル行は、独自の計算モデルを構築したうえで、無担保資金市場の関連市場の取引データ（金利先物、FRA、OIS等）などをモデルのインプット・データとして利用する。レベル3に基づくレート呈示は、パネル行にとって負担の大きい業務であることが従前より指摘されてきた（第4節(3)で後述）。

2023年における算出のレベル別内訳をみると、全体として、レベル3に大きく依存していることが確認される（図表10-2）。

8　日数は、ユーロ圏の資金決済システムであるTARGET日ベース。なお、許容される前後の日数はテナーごとに設定されている。詳細は、EMMI, "Benchmark Determination Methodology for EURIBOR," pp.8-11参照。

図表10－2　算出のレベル別内訳

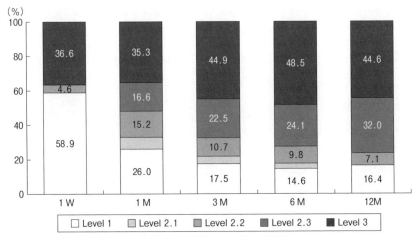

（注）　各テナーの各レベルの数値は、2023年1〜12月の平均値。
（出所）　EMMIより筆者作成。

第3節　市中協議に至る経緯

(1) ターム物ESTRの公表開始

　レベル2.3におけるMAFは、四半期限月のEURIBOR先物に基づいて算出されているが、この背景として、現行の算出方式へと変更した当時、OIS市場に基づく指標金利が存在しなかった点がある。本来的に、EURIBORの各テナー（1週間物、1・3・6・12か月物）との整合性という点では、EURIBOR先物よりも、OISの方が望ましい。EMMIも従前よりこうした見解を示しており、OISベースの指標金利が構築された際には、MAF算出の利用データについて再検討するとの方針を示唆していた。この点、2022年11月より、EMMIは、OIS取引に基づいて算出する、ターム物ESTR[9]（Efterm）の公表を正式に開始した[10]。このことが、レベル2.3（におけるMAF）の算

出方式を見直すこととなった契機の１つである。

(2)　パネル行の減少

　1999年のEURIBOR誕生当初、パネル行として約50行が参加していた。しかし、現在では19行にまで減少している（図表10－3）。この結果、EURIBORが欧州域内の基準金利であるにもかかわらず、パネル行に地理的な偏りも生じており、2024年2月末時点で、アイルランド、ギリシャ、フィンランド、スウェーデンといった国々の銀行は含まれていない[11]。そこで、今般の市中協議では、EURIBORの持続的な運営の観点から、中長期的なパネル行数の維持・拡大を企図して、パネル行の負担軽減を目的として改革が試みられた。この点で、特にレベル3（専門家判断）の算出にかかる規制遵守コストの大きさが従前より指摘されてきたことから、レベル3廃止の前提として、レベル2.3の算出方式を見直すこととなった経緯である。なお、レベル1、2.1、2.2の算出方式に変更はない。

9　ESTRとは、Euro Short-Term Rate（ユーロ短期金利）の略称。欧州圏の銀行間ユーロ建て無担保翌日物調達コストを反映して算出する金利指標であり、欧州圏におけるRFRである。2019年10月より、欧州中央銀行（ECB）が公表している。

10　EMMI, "Launch of the Euro Forward Looking Term Rate EFTERM," October 10, 2022.

11　過去には、パネル行として、アイルランドからはBank of Ireland等、ギリシャからはNational Bank of Greece、フィンランドからはPohjola Bank等、スウェーデンからはHandelsbankenが選定されていた。

第10章　EURIBORの算出方式の見直しに関する改革の動向　181

図表10-3　パネル行一覧（計19行：2024年2月末時点）

オーストリア	Raiffeisen Bank International AG	イタリア	Intesa Sanpaolo UniCredit
ベルギー	Belfius	ルクセンブルク	Banque et Caisse d'Épargne de l'État
フランス	BNP Paribas HSBC Continental Europe Natixis Crédit Agricole s.a. Société Générale	オランダ	ING Bank
		ポルトガル	Caixa Geral De Depósitos（CGD）
ドイツ	Deutsche Bank DZ Bank	スペイン	Banco Bilbao Vizcaya Argentaria Banco Santander CECABANK CaixaBank S.A.
		英国	Barclays

（出所）　EMMIより筆者作成。

第4節 ｜ 市中協議結果の概要

　今般の市中協議で諮られた事項を、レベル2.3の算出式「(1)資金調達コス
ト＋(2)MAF」に基づき整理すると、主には次の3点であった。第1に、資
金調達コストの算出に利用するデータの範囲を拡大すること、第2に、
MAFの算出方法を見直すこと、第3に、レベル2.3の算出方式の見直しに
伴ってレベル3を廃止することの3点であった。結論を先取りすれば、いず
れの点においても、EMMIの提案が全面的に支持された。この結果、2024年
5月から段階的に、レベル2.3の算出方式が変更されると同時に、レベル3
が廃止されることとなった（図表10-1右図）。以下、上記3点を順に概説
する。

182　第4部　近時のIBORs改革

(1) 資金調達コスト

レベル2.3の算出のベースとして、レベル1だけではなく、レベル2.1、2.2の過去データも利用対象とすることが提案された。EMMIは、レベル2もパネル行の実取引をベースに算出しており、パネル行の資金調達コストとしての代表性があると提案していた。市中協議の結果、ほぼ全回答先がEMMIの提案を支持した。

(2) MAF

従前、MAFの算出には、EURIBOR先物という1変数のみを利用していたが、今般、①金利変動要素（RFR部分）と、②信用リスク等変動要素の2変数にMAFを分割して各々算出し、両者を合算する方式が提案された。

① 金利変動要素（RFR部分）

算出レートにRFR変動部分を正確に反映することを企図して、①金利変動要素（RFR部分）の設定が提案された。例えば、ECBの政策変更があって、かつ、レベル1、レベル2.1、2.2の算出に適格な取引がない場合には、レベル2.3の算出レートにECBの政策変更を反映させる方が実勢により近いと想定される。EMMIは、RFRベースの指標金利の条件として、(a)フォワード・ルッキング（先行きの見通しを反映）であること、(b)EURIBORの各テナーと整合的であること、(c)日次公表されていて、将来的な公表継続も保証されていること、(d)頑健なガバナンス構造を備えていて、望ましくはEU BMRで定めるベンチマークであること、(e)既に利用可能であること、の5点を挙げた。これに沿って、ESTR、ESTR複利、Eftermの3つの指標を検討した結果、Eftermが全条件を満たすとして、採用が提案されていた。市中協議の結果、大多数の回答先がEMMIの提案を支持した。

② 信用リスク等変動要素

EURIBORは、性質上、信用リスクや流動性リスクを含む。この点でRFRと対をなす。EMMIは、算出レートに信用リスク等の変動を反映することを

企図して、②信用リスク等変動要素の設定を提案した。具体的な指標としては、EURIBOR − Eftermスプレッド（以下「本スプレッド」という）が提案された。本スプレッドには、(a)EURIBORの各テナーについて日次ベースで簡便に算出可能、(b)最新のマーケット情報に基づく、(c)リスク算定のツールとして市場関係者に既に利用されている、という特徴がある。

市中協議の結果、大多数の回答先がEMMIの提案を支持したが、2先が難色を示し、具体的に以下の2点を指摘した。

第1に、深刻な市場ストレスが発生した場合に、信用リスク等の変動を正確に認識できないのではないかとの懸念が示された。EMMIの提案では、T日のレートとして、①金利変動要素（RFR部分）は、(t-2) 日から (t-1) 日までの変化を反映する一方、②信用リスク等変動要素は、(t-3) 日から (t-2) 日までの変化を反映して算出するため、大きめのリスク・イベントに対するラグが発生するのではないかとの指摘であった。これに対して、EMMIは、大きな市場ストレスを含む過去3年間（2020年1月～2023年5月）[12]を対象としたシミュレーションテストの結果、懸念されたような事態は生じず、提案した計算手法の頑健性が確認されたと結論付けた。

第2に、当初提案されたMAFの算出方法では、実勢に即しない信用リスク調整が発生する可能性が指摘された。この結果、当初提案から軽微な修正が図られた。具体的には、②信用リスク等変動要素は、パネル行のうち少なくとも1行が、取引ベースのデータ（レベル1、レベル2.1、2.2）を呈示した場合に限って算出上考慮することとし、それ以外の場合は、ゼロに設定されることとなった。例えば、当初提案では、とある日の信用スプレッドが1bpとして算出された場合、その後取引のない期間が3日間続くと、加算ベースで累計3bp上乗せされることになり、実勢から乖離したレート形成となる可能性があった。このため、最終的には、取引がない場合には信用スプレッドに変化はないものと仮定する形に修正された。

12　この期間には、コロナ禍、ウクライナ戦争、ECBの利上げ、シリコンバレーバンクの破綻が含まれる。

(3) レベル3の廃止

　一般に、EURIBORのパネル行の負担は大きい。レート呈示前後の各行動を規律する3段階の内部管理体制の整備（EURIBOR行動規範（COPB）§5）や、利益相反の管理体制の整備（同§9）などのほか、銀行の内部管理部門による定期的なレビューの実施も求められる（同§20）。また、レート算出にかかるITシステムの利用に関しても厳格な対応が求められており（同§14）、ITシステムの開発・維持面でも相応のコンプライアンスリスク及び財務負担を負っている。特に、レベル3の算出にあたって、各パネル行は独自に計算モデルを構築する必要がある。特定の計算手法の選択が義務付けられているわけではないが、EMMIが提示する一般原則に沿ったものでなければならず、各銀行の状況やビジネスパターン、資金調達及び流動性管理を反映したモデルでなければならないとされる。加えて、ガバナンスやドキュメンテーション、レビュー体制にかかるリスク管理基準・運用基準の整備など、極めて厳格な管理体制が要求される（同§13）。

　資金調達コストの適切な測定という観点では、パネル行に対して厳格な管理体制を要求することには一定の合理性がある。しかしながら、EURIBORの持続性の観点からは、パネル行に過度な負担を強いることは、望ましい制度的枠組みとは評価し難い。このため、EMMIは、対応コストの特に重いレベル3を廃止することで、パネル行としての参入コスト・ランニングコストを軽減し、パネル行数の将来的な維持・拡大につなげるとの考えを示していた。市中協議の結果、大多数の回答先が、EMMIの方針を支持した。

　市中協議において市場参加者から全面的な支持を得られたことから、2024年5月より約半年にわたって段階的に、EURIBORは新たな算出方式へと移行することとなった[13]。

13　なお、異常値の除去に関する統計的手法や、算出データとして利用するための閾値条件の設定などその他の技術的な事項についてもEMMIの提案が支持された。

第10章　EURIBORの算出方式の見直しに関する改革の動向　185

第 5 節 TIBORへの若干のインプリケーション

　TIBORの算出においても、EURIBORと同様、ウォーターフォール構造を採用しており、最下層であるレベル4において、専門家判断を採用している（図表10－4）。ただし、2017年7月24日の全銀協TIBOR改革実施以降、専門家判断によってレートが算出された事例はない点には留意する必要がある[14]。

図表10－4　TIBORのウォーターフォール構造

レベル	参照データ等
1	観測可能な無担保コール市場のデータ
2	観測可能な本邦オフショア市場及び銀行間NCD市場のデータ
3	観測可能なNCD市場（銀行間NCD市場にかかるものを除く）、大口定期預金取引、短期国債市場、GCレポ市場、OIS市場のデータ
4	専門家判断（Expert Judgment）

（出所）　筆者作成。

　もっとも、EURIBORでの議論から類推すると、第1に、専門家判断に基づくレート呈示が実際に発生するか否かにかかわらず、レベル4が設定されている以上、パネル行として一定の準備は必要であると考えられる。付随して、第2に、TIBORの安定的な運用の観点では、パネル行の負担軽減策は日本においても継続的に議論するべき点であると考えられる。全銀協TIBOR行動規範をみると、EURIBOR同様に厳格な管理体制がパネル行に求められることは事実である。ポストLIBOR時代における金利指標の選択に関して、日本（及び欧州）では、マルチプル・レート・アプローチが採用され、IBORsとRFRが今後も併用されていく見通しにある。現状、TIBORのパネル行の減少に対する懸念が顕在化している様子は窺えないが、TIBOR

14　全銀協TIBOR運営機関「『金融指標に関する IOSCO 原則（19 原則)』の遵守状況について」（2023年3月27日）。

186　第4部　近時のIBORs改革

を安定継続的に今後も利用していくためには、パネル行の負担に対する配慮が必要であると思料する。レベル4に基づくレート算出がない現状を踏まえると、欧州対比では、専門家判断を廃止する実質的な意義は小さいかもしれないが、パネル行の負担軽減策という意味での象徴的な意義付けは可能かもしれない。

　欧州では、ターム物ESTR（Efterm）の活用によって専門家判断の廃止へとつなげたが、幸い、日本でもそのツールは既に備わっている。2021年4月より、QUICKベンチマークス（QBS）社が、ターム物TONA（TORF）の公表を世界に先駆けて正式に開始している。このため、EURIBORにおける算出手法を参考に検討することは可能であろう。もっとも、当然ながら確認するべき点は多い。例えば、欧州ではEURIBORとEftermが連動して推移していることがEMMIより報告されたところ、TORFとTIBORの連動性（図表10-5）に対する評価・検討などが論点として想定され得る。EURIBORを参考にTIBOR改革を一層押し進める場合には、こうした点なども踏まえながら検討していく必要があると考えられる。

図表10－5　TIBORとTORFの推移

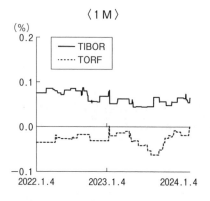

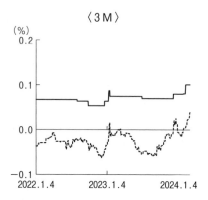

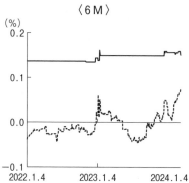

（注）　直近データは、2024年2月末時点。
（出所）　全銀協TIBOR運営機関、QBS社公表データより筆者作成。

初出一覧

第1部　リスク・フリー・レート（RFR）への移行

第1章　「金利スワップ市場におけるLIBOR公表停止の影響—ターム物リスク・フリー・レートの算出メカニズムとの関係性—」『国際金融』1351号、32～37頁（2021年12月）

第2章　「通貨スワップ市場におけるIBORsからリスク・フリー・レート（RFR）への移行の現状と今後の課題」『国際金融』1360号、46～52頁（2022年9月）

第3章　「金融取引におけるターム物リスク・フリー・レートの使用に関する検討」『国際商取引学会年報』第25号、1～17頁（2023年10月）

第4章　「デリバティブ取引におけるターム物RFRの利用規範に関する日米比較—ターム物RFR参照キャッシュ商品のヘッジ取引の観点から—」『会計・監査ジャーナル』36巻7号、104～111頁（2024年6月）

第2部　米国における動向

第5章　「米国金融市場におけるLIBORからの移行対応—貸出市場におけるターム物SOFRの利用とスプレッド調整の動向—」『国際金融』1357号、42～48頁（2022年6月）

第6章　「米ドルLIBOR参照タフレガシーにかかる立法措置と今後の課題—シンセティックLIBORの適用可能性を中心に—」『NBL』第1235号、49～56頁（2023年2月）

第3部　クレジット・センシティブ・レート（CSR）に関する議論

第7章　「米国におけるクレジット・センシティブ・レート（CSR）の考察—本邦金融市場へのインプリケーション—」『国際金融』1353号、44～51頁（2022年2月）

第8章　「クレジット・センシティブ・レート（CSR）に対するIOSCO原則の適用を巡る課題」『証券経済研究』第127号、89～110頁（2024年9月）

第4部　近時のIBORs改革

第9章　「東京銀行間取引金利（TIBOR）のレジリエンス向上に向けた制度設計—フォールバック条項にかかる論点—」『国際金融』1370号、30～37頁（2023年7月）

第10章　「EURIBORの算出方式の見直しに関する改革の動向」『NBL』1267号、12～17頁（2024年6月）

● 著者略歴 ●

中村　篤志（なかむら　あつし）
新潟大学経済科学部講師
2013年、早稲田大学法学部卒業。2019年、ケンブリッジ大学大学院金
融学修士課程修了。
2013年、日本銀行入行。金融市場局、調査統計局等を経て、2021年よ
り現職。このほか、早稲田大学紛争交渉研究所招聘研究員（2021年～
現在）、日本銀行金融研究所研究員（2022～2023年）、早稲田大学法学
部兼法務研究科非常勤講師（2022～2023年）を兼任。
専門は、金融論・金融法。

LIBORの終焉と金利指標改革

2025年3月3日　第1刷発行

著　者　中　村　篤　志
発行者　加　藤　一　浩

〒160-8519　東京都新宿区南元町19
発　行　所　一般社団法人 金融財政事情研究会
編　集　部　TEL 03(3355)1721　FAX 03(3355)3763
販売受付　TEL 03(3358)2891　FAX 03(3358)0037
URL https://www.kinzai.jp/

DTP・校正：株式会社友人社／印刷：三松堂株式会社

・本書の内容の一部あるいは全部を無断で複写・複製・転訳載すること、および
磁気または光記録媒体、コンピュータネットワーク上等へ入力することは、法
律で認められた場合を除き、著作者および出版社の権利の侵害となります。
・落丁・乱丁本はお取替えいたします。定価はカバーに表示してあります。
ISBN978-4-322-14494-9